Hannelore Goos

Götter am Himmel

Römische Wurzeln astrologischer Planetensymbole

Bibliografische Information der Deutschen Nationalbibliothek:
Die Deutsche Nationalbibliothek verzeichnet diese Publikation in der
Deutschen Nationalbibliografie; detaillierte bibliografische Daten sind im
Internet über http://dnb.d-nb.de abrufbar.

Copyright: Hannelore Goos 2014
E-Mail: HGoos@sonnenastro.de
Internet: http://www.sonnenastro.de
Alle Rechte der Verbreitung und der Übersetzung, auch durch Film, Funk und Fernsehen,
der fotomechanischen Wiedergabe auf Ton- und Datenträgern jeder Art und des auszugsweisen
Nachdruck sind vorbehalten.

Herstellung und Verlag: BoD – Books on Demand, Norderstedt
ISBN 978-3-7322-8800-7

Inhalt

Einführung 1

Wer waren eigentlich die Römer? 3
Die römische Religion 7
Wie die Astrologie nach Rom kam 13
Astrologische Symbole 21

Merkur 25
    Vorgeschichte 25
    MERCURIUS als römischer Gott 26
    Mythologische Reste 27
    Ritus 29
    Der astrologische Merkur 35
    Zusammenfassung 38

Venus 41
    Vorgeschichte 41
    VENUS als römische Göttin 42
    Mythologische Reste 45
    Ritus 47
    Die astrologische Venus 49
    Zusammenfassung 51

Mars 55
    Vorgeschichte 55
    MARS als römischer Gott 56
    Mythologische Reste 59
    Ritus 61
    Der astrologische Mars 66
    Zusammenfassung 67

Jupiter 69
    Vorgeschichte 69
    IUPPITER als römischer Gott 70
    Mythologische Reste 72
    Ritus 78
    Der astrologische Jupiter 84
    Zusammenfassung 85

Saturn 87
    Vorgeschichte 87
    SATURNUS als römischer Gott 88
    Mythologische Reste 90
    Ritus 94
    Der astrologische Saturn 97
    Zusammenfassung 99

Abschließende Bemerkungen 101

Bildverzeichnis 105
Literaturverzeichnis 107
Internetquellen 110

Einführung

Die Planeten unseres Sonnensystems wurden bis in die zweite Hälfte des 20. Jahrhunderts mit den römischen (lateinischen) Namen antiker Gottheiten bezeichnet. Die Namen sind in den westlichen Sprachen mit geringen Anpassungen identisch.

Namensentsprechungen am Beispiel Merkurs

Lateinisch	MERCURIUS
Deutsch	Merkur
Englisch	Mercury
Französisch	Mercure
Russisch	Merkurij

Will man allerdings wissen, wer diese Götter und die Göttin waren, deren Namen hier verwendet werden, trifft man auf ein erstaunliches Phänomen: Dargestellt werden in der Literatur nicht die römischen Götter, sondern ihre griechischen sogenannten Äquivalente. Dies findet man in Bezug auf keine andere antike Religion in dieser Weise: Bei ägyptischen Göttern erhält man die ägyptische Mythologie, bei sumerischen das Pantheon der Sumerer, bei germanischen Göttern wird meist die isländische Edda herangezogen. Selbst bei indianischen und afrikanischen Gottheiten findet man ihre Beschreibung im Zusammenhang der jeweiligen Religion. Nur bei den römischen nicht.

Darüber hinweggesehen werden könnte, wenn man der Auffassung wäre, Namen seien bloß zufällige Buchstabenkombinationen ohne eigene Bedeutung. Dass dem nicht so ist, zeigt unter anderem der Brauch, bei einem radikalen Wechsel der Lebensumstände, z. B. beim Eintritt in ein Kloster, einen neuen Namen anzunehmen. Aus dem Schamanismus und der spätmittelalterlichen Ritualmagie kommt die Auffassung, dass man Macht über alles und jeden hat, dessen (geheimen) Namen man kennt.

Namen haben also eine Bedeutung für den Namensträger, ganz besonders natürlich Namen von Gottheiten, von denen man annehmen kann, dass sie zum Zeitpunkt ihrer Verehrung täglich und stündlich vieltausendfach angerufen wurden. Es gab ja auch nicht für alle römischen Göttinnen und Götter lateinische Namen: Isis blieb Isis, Mithras blieb Mithras, um nur zwei Beispiele zu nennen. Wenn die Römer also eigene Namen für diejenigen hatten, die heute noch als Planetennamen verwendet werden, ist die Frage gerechtfertigt, wen sie damit eigentlich bezeichneten.

In der Astrologie wird oft von einer Korrespondenz der Planetensymbole mit den Mythen ihrer Namensgeber ausgegangen. Der Zusammenhang zwischen Mythologie und astrologischen Symbolen wird in vielen Astrologiebüchern zur Erklärung und Verdeutlichung der symbolischen Inhalte verwendet. Dabei werden jedoch die lateinischen Namen der Planeten verwendet, die sich auf römische Götter beziehen, aber die griechischen mythologischen Erzählungen dargestellt. Sollten diese Götter tatsächlich identisch sein? Hier müssen doch Zweifel angemeldet werden.

Nomen est Omen – nicht erst aus der Numerologie ist bekannt, dass auch Namen Inhalte transportieren. Wenn also die römischen Götter zur Benennung der Planetensymbole herangezogen werden, so können die damit verbundenen Botschaften nicht mit den griechischen identisch sein. Es wäre also sinnvoll, bei den Erläuterungen zu den Planetensymbolen die römische Religion zu berücksichtigen. Diese ist jedoch in weiten Teilen nur einem kleinen Kreis von Fachwissenschaftlern bekannt.

Eine Aufgabe dieses Buches soll also sein, das Wissen über diejenigen Götter, die bis heute in Planetennamen verewigt wurden, zusammen zu tragen und in einer für das allgemeine Publikum lesbaren Form darzustellen. Für die praktische Arbeit von Astrologen ergeben sich daraus Bereicherungen im Verständnis der Planetensymbole, die bis in die Deutungspraxis hinein wirken können.

Die Römer setzten in ihrer oberflächlichen INTERPRETATIO ROMANA Götter der unterschiedlichsten Pantheons anhand einiger Zuständigkeiten, Attribute oder Eigenschaften einander einfach gleich. Von Carl Gustav Jung wurden diese Übereinstimmungen mit seiner Theorie der „Archetypen" erklärt. Er versteht darunter Urbilder menschlicher Vorstellung, die unabhängig von der speziellen Kultur jedem Menschen eigen sind. Auch er ist dabei von der jahrhundertealten Vorstellung geprägt, dass Gottheiten mit mehr oder weniger übereinstimmenden Attributen und Zuständigkeiten eigentlich dieselben seien.

Dies wird heutzutage von Religionswissenschaftlern durchaus kritisch gesehen. Und wenn man Götter als tatsächlich existierende Entitäten ansieht, stimmt es schon gar nicht. Wie wenig einige Übereinstimmungen „beweisen" können, dass es sich um dieselbe Person handelt, sei mit einer kleinen Erzählung von GardenStone illustriert:

„Die beiden Namen Fritz und Fred hängen beide zusammen mit Friedrich und kommen etymologisch von fridu und rihi. Das bedeutet so etwa „Herrscher, der den Frieden handhabt und schützt gegen Waffengewalt" – Fritz wohnt im Allgäu und Fred in der Pfalz:

Sie sind gleich alt und sehen aus, als ob sie Zwillinge seien. Sie haben beide ihr Abitur mit Zwei bestanden und arbeiten als Bankdirektoren. Sie sind verheiratet, haben zwei Kinder, deren Mütter feurige rote Haare haben. Beide sind evangelisch, gehen aber sonntags nicht zur Kirche, vielleicht auch, weil sie an den Wochenenden gerne auf Trödelmärkten nach alten Büchern suchen. In ihrer Freizeit tragen sie gern schwarze Kleidung und hören dann laute Metal-Musik. An Arbeitstagen fahren sie in ihrem dunkelblauen Dienstwagen um die 20 km zur Arbeit.

Dennoch ist der Allgäuer nicht identisch mit dem Pfälzer, sie kennen einander auch gar nicht."

(Der Merkur-Wodan-Komplex, S. 154)

Sollte sich herausstellen, dass die römischen Götter den heutigen astrologischen Symbolen mehr entsprechen als ihre Vorgänger, so bleibt ein wichtiger Mangel: Es gibt keine entsprechenden mythologischen Erzählungen über sie. Aber vielleicht findet sich ja ein moderner Geschichtenerzähler, der diese Lücke füllt …

Carl Gustav Jung (1875 – 1961), Schweizer Psychoanalytiker und Begründer der analytischen Psychologie, definierte den Begriff Archetypus als Urbild in der menschlichen Seele, unanschaulich und unbewusst, aber in seiner Wirkung in symbolischen Bildern erfahrbar, wie beispielsweise in Träumen, Visionen, Psychosen, künstlerischen Erzeugnissen, Märchen und Mythen. C. G. Jung leitete das Vorkommen von Archetypen beispielsweise aus Astrologie, Alchemie, vergleichender Religionswissenschaft, Träumen, Märchen, Sagen und Mythen ab.

Wer waren eigentlich die Römer?

In Geschichtsbüchern wird in der Regel so getan, als seien die dargestellten Inhalte sichere Tatsachen. Dabei ist vieles noch völlig ungeklärt. Wir wissen nicht, woher die Sumerer kamen, es gibt nur Hypothesen, wer die Etrusker waren, und die Römer haben ihre eigene Herkunft selber mythologisiert – jeder kennt die Geschichte von Romulus, Remus und der Wölfin, die ein erfundener Mythos ist und wenig über die tatsächliche Herkunft der Stadtbewohner aussagt.

Wenn man den Versuch machen will, die ursprünglichen Inhalte der römischen Glaubenswelt herauszufinden, muss man zunächst feststellen, zu welchem Volk (oder zu welchen Völkern) und welcher kulturellen Tradition diejenigen gehörten, die als „die Römer" von einer Stadt ausgehend ein riesiges Weltreich eroberten. Sie haben die süd-, mittel- und westeuropäische Kultur bis in unsere Gegenwart beeinflusst, aber ihr Ursprung und ihre Wurzeln sind noch immer hinter dem von ihnen selbst geschaffenen Mythos verborgen.

Geht man zurück in die Zeit, die von späteren Schriftstellern als Gründungszeit Roms angegeben wird, so ist aufgrund von archäologischen Untersuchungen einigermaßen gesichert anzunehmen, dass sich auf jedem der „sieben" Hügel der späteren Stadt Rom ein kleines Dorf befand – hoch angelegt, weil die Senken dazwischen regelmäßig vom Tiber überflutet wurden und deshalb sumpfig waren. Im Palatin-Museum in Rom kann man das Modell einer solchen Hüttensiedlung sehen.

Palatin Museum
Am Palatin ist kostenlos ein Museum zu besuchen, in welchem archäologische Funde bewundert werden können. Das Museum wurde vom französischen Kaiser Napoleon III. im Jahr 1882 gegründet.

Anlässlich von Ausgrabungen im Jahr 1948 wurden Reste von drei Hütten, Grundrisse und Öffnungen für die das Dach tragenden Pfähle gefunden; die Wände waren offensichtlich aus einer Lehm-Stroh-Mischung. Grabstätten, die auf 10.–8. Jhd. vor Chr. datiert werden konnten, wurden bei den Hütten gefunden.

Rekonstruktion einer Hüttensiedlung auf dem Palatin, ca. 8. Jhd. v. Chr., Palatinmuseum

Diese Hügeldörfer wurden von Menschen unterschiedlicher Stammeszugehörigkeit bewohnt, auf dem Palatin sollen es Latiner und auf dem Esquilin, Viminal und Quirinal Sabiner gewesen sein. Es wird vermutet, dass auch die sabellischen Lulaner und Hirpiner beteiligt

> **Die LUPERCALIA** waren ein festliches Ritual, bei dem junge Männer nur mit einem Ziegenfell gegürtet durch die Stadt liefen und den Frauen, die sich ihnen in den Weg stellten, mit Fellstreifen auf die Hände schlugen; dies sollte Fruchtbarkeit und Schwangerschaft bewirken. Der Sinn dieses Festes war aber bereits in republikanischer Zeit nicht mehr bekannt.
> (Ulf)

waren, denn das Totemtier dieser Stämme soll der Wolf gewesen sein, der im später erdichteten Gündungsmythos der Stadt eine wichtige Rolle spielt. Der Kapitol sollen von mehreren Dörfern als Begräbnisstätte genutzt worden sein, bis dort die Großbauten im etruskischen Stil entstanden. Der Einfluss dieses Volkes wird ab dem Ende des 7. Jahrhunderts v. Chr. durch die Herrschaft der drei „etruskischen" Könige deutlich, die das Konglomerat von Siedlungen nach dem Vorbild etruskischer Städte ausbauten und die Stadtverwaltung entsprechend organisierten. In dieser Zeit gab es es auch Zuwanderungen von einzelnen Familien aus den griechischen Städten südlich des heutigen Neapels.

Die Art, wie die Hügelsiedlungen zusammenarbeiteten, spiegelt schon früh den den Römern eigenen Pragmatismus. Einerseits einte sie eine lockere Kultgemeinschaft, die gekennzeichnet war durch zwei Rituale: Die links beschriebenen Luperkalien und das Septimontium am 11. Dezember (Fest der sieben Hügel), das jedoch trotz seines Namens nicht die in späterer Zeit festgelegten „sieben Hügel" umfasste, sondern verschiedene Kuppen von Palatin, Velia, Caelius und Esquilin, die am Ende wieder eine Siebenzahl ergaben. Aufgrund ihres Alters könnten auch die Saturnalien (s. S. 95) zu den Gemeinschaftsfesten gezählt werden. Andererseits arbeiteten die Dörfer nur dann zusammen, wenn eine größere Aufgabe zu bewältigen war, wie den Bau eines Verkehrsweges zum Markt zwischen Kapitol und Palatin, der durch den Sumpf des sog. VELABRUMS führte, der erst in der Kaiserzeit endgültig trockengelegt werden konnte.

Das wichtigste an diesem Siedlungsplatz war jedoch eine vielbenutzte Tiberfurt, die nicht nur von Hirten, sondern auch von den Salzkarawanen der Etrusker auf dem Weg vom Meer ins Hinterland benutzt wurde. An dieser Stelle bildete sich ein Marktplatz, der bis weit in geschichtliche Zeit als Viehmarkt (FORUM BOARIUM) genutzt wurde. Ein solcher Handelsplatz ist natürlich immer Anziehungspunkt für die unterschiedlichsten Menschen, und wenn sich ein nahegelegenes Hinterland zur Besiedlung eignet, bleiben sie auch. So ist nicht auszuschließen, dass auch einzelne Phönizier den lukrativen Platz entdeckten und der eine oder andere sich dort dauerhaft niederließ. Das Gebiet, das später die Stadt Rom werden sollte, war also schon früh Begegnungsstätte, wenn nicht Schmelztiegel vieler verschiedener Kulturen.

> **Titus Livius** (ca. 59 v.–17 n. Chr.), römischer Geschichtsschreiber zur Zeit des Augustus, wollte mit seinem Werk AB URBE CONDITA eine umfassende römische Geschichte aufschreiben, wobei er die gängigen mündlichen Überlieferungen verarbeitete.

Hinzu kam wie von Livius (AB URBE CONDITA 1,8) berichtet eine Freistatt, wo allerlei mehr oder weniger übles Volk sich sammelte, von anderswo Verbannten über entlaufene Sklaven bis zu entflohenen Verbrechern.

Wie aus dem lockeren Verband eine bedeutende Stadt werden konnte, ist nach wie vor strittig. Es gibt die von den Mythen nahegelegte Theorie der **Stadtgründung**, die aber von den archäologischen Funden nicht belegt wird – so sind Spuren einer richtigen Stadtmauer erst ab dem 4. Jahrhundert v. Chr. nachweisbar, der Bau war demnach eine Reaktion auf den „Keltensturm" im Jahr 387 v. Chr., die Eroberung und Plünderung der Stadt. Die andere Theorie geht von einer kontinuierlichen **Stadtwerdung** aus, einem quasi natürlichen Zusammenfinden durch Bevölkerungswachstum und Zuzug aus den umliegenden Städten der Latiner und Etrusker.

Wie auch immer, um das Jahr 600 v. Chr. war Rom Gastgeberin bei einem der jährlichen Treffen des „Latinerbundes", einer lokalen Städtegemeinschaft, und damit sicher als Stadt unter Städten anerkannt. Etwa hundert Jahre später erfolgte dann die Festlegung von 300 GENTES, Familiensippen, deren Vertreter die Volksversammlung bildeten und später die herrschenden Konsuln wählten. Wer auf dem Gebiet der Stadt Rom geboren wurde oder einer der GENTES angehörte, war römischer Bürger und damit Römer, äußerlich erkennbar an seinen drei Namen:

Vorname,	Sippenname,	Eigenname
wie GAIUS	JULIUS	CAESAR.

Eine besondere Volkszugehörigkeit wurde nicht berücksichtigt.

Den Latinern fühlte sich Rom noch lange verbunden, die Angehörigen dieses Volksstamms hatten im Gegensatz zu anderen Völkern erweiterte Rechte und die „latinischen" Feste blieben bis in die Kaiserzeit staatliche Feiertage. Auch die Sprache der Römer, das Lateinische, LINGUA LATINA, hat ihre Wurzeln in den Sprachen der latinischen Stämme, wenn es sich auch später stark weiterentwickelte. Die Schrift jedoch ist eine Kombination von etruskischen und griechischen Zeichen, was andeutet, aus welcher Richtung die alten Römer ihre kulturellen Impulse bekamen.

Auf die Frage, wer eigentlich die Römer waren, gibt es also nur die einfache Antwort: Männer mit römischem Bürgerrecht, zunächst also die Bewohner der Stadt Rom. Der Herkunft nach waren sie eher ein Gemisch aus allen das mittlere und südliche Italien bewohnenden Völkern.

Und wo bleiben Romulus und Remus und die Wölfin? Wie schon erwähnt, handelt es sich bei diesen Darstellungen um einen Mythos, der erst Jahrhunderte später aufgezeichnet wurde. Er ist dem griechischen Mythos von Amphion und Zethos (Zwillingsbrüder, Halbgötter, ausgesetzt, von einem Hirten aufgezogen, Gründer der Stadt Theben) nachempfunden, nur die Wölfin kam möglicherweise mit Bezug auf den auf S. 64 geschilderten VER SACRUM dazu.

So ist denkbar, dass es sich zunächst um eine griechische Dichtung handelte, die dem Zweck diente, die als Machtfaktor aufstrebende Stadt als griechisch beeinflusst darzustellen (auch durch den Rückgriff auf Aeneas). Später haben sich die Römer diese Geschichte als Legitimation ihrer Sonderstellung unter den Städten Italiens selbst nur zu gern zueigen gemacht. Da nach der Brandschatzung im Jahr 387 v. Chr. praktisch keine Aufzeichnungen aus früheren Zeiten übrig geblieben waren, wurden die Dichtungen aus mündlichen Überlieferungen als geschönte Entstehungsgeschichte freudig aufgenommen.

Bedenkt man, dass die zukünftigen Römer in der Frühzeit auf den Hügelkuppen siedelten, um vor allem im Sommer den Dünsten und Mücken der Sümpfe dazwischen zu entgehen, so erscheint eine mit dem Pflug gezogene Furche rund um die Hauptsiedlung doch sehr unwahrscheinlich. Die Legende von diesem PRIMIGENIUS SULCUS, den Romulus gezogen haben soll, können sich nur Flachlandbewohner ausgedacht haben; an Berghängen war so etwas gar nicht möglich.

Am 22. Juni 2013 meldete die römische Tageszeitung „Corriere della Sera", was in der Fachwelt bereits lange vermutet worden war: Die sogenannte „Capitolinische Wölfin" ist nach Radiokarbon-Untersuchungen der italienischen Universität Salento keine etruskische Bronze, sondern stammt aus einer mittelalterlichen Fälscherwerkstatt des 11.-12. Jahrhunderts.

Sieben-fünf-drei Rom schlüpft aus dem Ei

war der Merkvers für Generationen von Lateinschülern.

Spätere Generationen und alle Lateiner in Europa übernahmen die schönen Geschichten als quasi Tatsachenbeschreibungen. Anlässe, sie infrage zu stellen, gab es kaum: Die Stadt Rom war seit der Antike ständig bewohnt, es wurde dort Schicht über Schicht gebaut, deshalb sind archäologische Untersuchungen selbst mit heutigen Methoden schwierig. Umso weniger konnten frühere Generationen die mythologischen Erzählungen anzweifeln. Aber modernen Geschichtswissenschaftlern ist es inzwischen gelungen, ein wenig Licht in die Frühzeit der für die europäische Kultur immens wichtigen Stadt und ihrer Bewohner zu bringen.

Und so wissen wir jetzt wenigstens in groben Zügen, wer die Römer waren, die fast ganz Europa beherrscht und seiner Kultur für immer ihren Stempel aufgedrückt haben.

Dieser Abschnitt fußt schwerpunktmäßig auf folgender Literatur, mit deren Hilfe man sich weiter-gehend informieren kann:

Aigner-Foresti, Luciana, Die Etrusker und das frühe Rom, 2. Auflage, Darmstadt 2009.

Alföldi, Andreas, Das frühe Rom und die Latiner, Darmstadt 1977.

Forsythe, Gary, A Critical History of Early Rome, London, 2005.

Die römische Religion

Vom römischen Historiker Varro soll die Unterteilung in literarische, philosophische und Volks- bzw. Staatsreligion stammen.

Liest man jedoch die wissenschaftlichen Abhandlungen über die römische Religion aus dem 18. und 19. Jahrhundert (z. B. Maternus, Preller, s. Literaturverzeichnis), so bemerkt man schnell, dass diese nicht zwischen den verschiedenen Überlieferungen unterschieden. Griechisch beeinflusste Literatur und Philosophie wird mit Elementen der römischen Volksreligion und des Staatskultes gemischt. Daraus entstand die weit verbreitete Auffassung römische und griechische Religion folgten dem gleichen Muster, lediglich die Namen der Gottheiten seien der jeweiligen Sprache angepasst. Dies entspricht jedoch nicht dem wirklichen Kultgeschehen, wie es in Rom bis gegen Ende der Kaiserzeit gepflegt wurde.

Wie sich aus der Entstehungsgeschichte der „multikulturellen" Stadt Rom schon vermuten läßt, besteht die Götterwelt der Römer nicht aus einem Pantheon von miteinander verbundenen oder verwandten Wesen. Die Kulte der einzelnen Volksgruppen und Stämme blieben teilweise bestehen, teilweise vermischten sie sich und von außen kamen neue Göttinnen und Götter dazu. Alle existierten nebeneinander, es gab keine Schöpfungsgeschichte, keinen Mythos der Entstehung, keine Abstammung voneinander und keine Ehen. Auch der Himmel (Olympos) als Aufenthaltsort der Götter und die Unterwelt fehlen in der römischen Religion.

Anders als im griechischen Pantheon wurden die römischen Götter nicht „vermenschlicht"; erst unter etruskischem Einfluss gab es von ihnen Standbilder. Götter waren kraft ihres Willens und Handelns (ihres NUMEN) immer anwesend, hatten ihre Attribute und Zuständigkeiten und gaben durch besondere Zeichen (NUMINA) ihre Absichten kund. Es war die Aufgabe der priesterlichen Auguren, diese Zeichen zu lesen (Blitze, Vogelflug, Tiereingeweide). Die Bezahlung der Auguren war eine wichtige Einnahmequelle aller Tempel und an dieser Stelle gab es schon frühzeitig Konflikte mit den „Chaldäern", Sterndeutern aus Mesopotamien, die zuwanderten und ihre Dienste in Rom feilboten.

Göttinnen und Götter hatten Anspruch auf die ihnen zugehörigen kultischen Handlungen; im Gegenzug waren die Götter dafür zuständig, den jeweils im Kult angesprochenen Bereich zu fördern. Blieb diese Förderung aus, dann war war der Kult nicht richtig ausgeführt worden. Die Betonung der kultischen Handlungen bewirkte leider, dass von vielen Gottheiten nur noch der Name und ihre Festlichkeiten bekannt sind, wenig oder gar nichts jedoch von ihrem Mythos.

Die Herkunft der römischen Patchwork-Religion führte auch dazu, dass die Römer sehr tolerant gegenüber den Gottheiten anderer, insbesondere eroberter Völker waren. Schon früh setzte sich die INTERPRETATIO ROMANA durch, die Göttinnen und Götter aufgrund äußerlicher

---

MARCUS TERENTINUS **VARRO** REANITUS (116–27 v. Chr.) war ein sogenannter Polyhistoriker mit 70 Werken in mehr als 600 Büchern, die jedoch fast alle verloren gingen. Nur noch Zitate anderer Gelehrter sind bekannt.
Über Theologie schreibt er in den ANTIQUITATES RERUM HUMANARUM ET DIVINARUM, einer römischen Kulturgeschichte, die wiederum vom Kirchenlehrer Augustinus zitiert wurde.

Die Vielvölkerstadt hatte drei Gottheiten des Krieges:
• Mars (latinisch)
• Quirinus (sabinisch)
• Bellona (samnitisch).

Sogar die Dichter, die die griechische Mythologie auf die römischen Götter übertrugen, hatten mit deren Beziehungslosigkeit Probleme. So war nach griechischem Mythos der Kriegsgott Ares ein Sohn der Himmelskönigin Hera. Deren „Pendant", die etruskische Göttin Juno war aber nicht verheiratet! So wurde erdichtet, dass Juno an einer Orchidee vorbeigehend mit Mars schwanger geworden sei.
(Ovid, Fasti 5, 229–260)

Nicht nur einzelne Gottheiten, sondern der gesamte griechische Pantheon wurde literarisch im 3. und 2. Jhd. v. Chr. römischen Göttinnen und Göttern gleichgesetzt. Ob es davor auch italische Mythen gab, kann nur vermutet werden. Da die Gelehrten bis ins 20. Jahrhundert diese Umdeutungen kommentarlos übernahmen, ist die Spurensuche nach den ursprünglichen Mythologien der römischen Götter mühsam.

Die Römer waren allerdings davon überzeugt, die religiösesten Menschen der Welt zu sein; nicht nur Cicero und Livius schreiben dies, auch griechische Historiker wie Polybios, Poseidonios und Atheaios legen Wert auf diese Feststellung. .

Für Verhaltensregeln im Sinne von Geboten für den Einzelnen war Religion nicht zuständig, hier galten einerseits das bürgerliche Recht, andererseits die Regeln der Sippe, zu der jeder einzelne gehörte.

Attribute einfach gleichsetzten. Dies drückt sich dann in Doppelnamen aus, wie MERCURIUS AVERNUS (mehrere Steinsetzungen in keltischen und germanischen Gebiet), MARS THINGSUS (verehrt von Tubanten) und HERCULES MAGUSANUS (Magusanus war der Hauptgott der Bataven). Auf diese Weise blieb der Pantheon, der zur Zeit der größten Ausbreitung des Römerreichs mehr als 450 Götter und Göttinnen umfasst haben soll, einigermaßen überschaubar. Aber auch bei der INTERPRETATIO ROMANA ging es nicht um mythologische Inhalte. So wurde beispielsweise der griechische Titan Kronos dem römischen Gott SATURNUS gleichgesetzt – weil beiden eine Harpe (Sichelschwert) als Attribut eigen war.

Eine weitere Besonderheit bei der römischen Religionsausübung war die Haltung, dass jeder Akt der Verehrung eine Gegenhandlung der angesprochenen Gottheit wert sei, in der religiösen Formel DO UT DES (Ich tue, damit du tust) dargestellt. So gibt es eine Unzahl von Weihesteinen, Mini-Altären, aus deren Inschrift hervorgeht, dass sie aufgrund eines zuvor abgelegten Gelübtes gestiftet wurden. Allein für den Hirtengott Silvanus wurden mehr als 1100 solcher Votivsteine gefunden. Das Prinzip war immer gleich: Der spätere Stifter legte im Tempel der jeweiligen Gottheit ein Versprechen ab, z. B. „Wenn meine Handelsfahrt nach England erfolgreich ist und ich gesund zurückkomme, werde ich der Göttin einen Altar stiften". Wenn das gewünschte Ergebnis eintrat, wurde der Votivstein von einem Steinmetz mit der entsprechenden Inschrift versehen, Name des Spenders und Zweck des Gelübdes, und mit der Formel V. S. L. M. gekennzeichnet (VOTUM SOLVIT LIBENS MERITO – hat sein Gelübde pflichtgemäß und gern erfüllt). Natürlich konnten sich nur reiche Römer die Dienste eines Steinmetzen leisten, weniger wohlhabende brachten andere Opfer im gleichen Sinn, die allerdings die Jahrhunderte nicht überlebt haben. In unserem Verständnis von Religion hat ein solcher Handel wenig mit Frömmigkeit zu tun, im Pragmatismus der Römer war er selbstverständlicher Ausdruck ihrer RELIGIO.

Das gesamte Leben eines Römers war vom Gottesdienst durchzogen. Die Kulte der Hauptgötter waren Teil des Staatswesens, die wichtigsten Rituale wurden öffentlich ausgeführt und die Teilnahme selbstverständliche Bürgerpflicht.

Es war die Aufgabe des städtischen Oberpriesters (PONTIFEX MAXIMUS) auf einer weißen Tafel jeweils monatlich die Fest- und Feiertage anzukündigen – einen wöchentlichen Ruhetag, den Sonntag, gab es erst ab dem Jahr 321 n. Chr. Gleichzeitig mit diesen Ankündigungen wurde die Länge des jeweiligen Monats bekannt gegeben, denn diese war in der römischen Frühzeit nicht fixiert; erst nach Einführung des Julianischen Kalenders 45 v. Chr. war es nicht mehr nötig, Schalttage nach Bedarf einzufügen. Wichtige Ereignisse wurden nach Ablauf in die ANNALES MAXIMI übertragen, eine Art Staatsarchiv.

Niemand „entschied" sich für einen bestimmten Glauben, sondern jeder war automatisch Mitglied des Kultes. Deshalb war es für einen Römer kein Problem, mehreren „Religionen" gleichzeitig anzugehören:
1. Die private Religion
Die Hausgeister, die insbesondere den Herd als Mittelpunkt der Nahrungszubereitung schützten, wurden als **Penaten** verehrt. Es gab sie für einzelne Häuser (Herdgötter), Stadtviertel, Stadtteile und als PENATES PUBLICI POPULI ROMANI für ganz Rom. Die öffentliche Verehrung war teilweise mit dem Vesta-Kult verwoben. Prinzipiell waren Penaten an „ihren" Ort gebunden. Möglicherweise hatten sie für die privaten Häuser die gleiche Bedeutung wie die Teraphím in Palästina, eine Verbindung zu den Phöniziern wäre somit durchaus denkbar.

Die **Laren** waren Familiengeister, die die Ahnen repräsentierten. Sie gehörten zur Sippe und konnten mit dieser auch an einen anderen Ort ziehen. Demgegenüber gab es auch Laren, die zu einem bestimmten Platz gehörten (LARES LOCI). In reichen Häusern gab es speziell eingerichtete Lararien zur Verehrung dieser Geister.

Die Verehrung der Penaten und Laren ergab sich aus der Familie und dem Haus, in dem man lebte. Verantwortlich für den Kult war hier der Hausvater oder Vorsteher des Hauses.

Lararium aus Pompeji, 79 n. Chr.

Links Opferaltar, umrahmt von zwei Schlangen als Repräsentanten der LARES LOCI, über dem Altar Bild eines Pinienzapfens und zweier Eier, darüber Opferszene, rechts Nische für die Götterfigürchen.

In vielen, besonders älteren Quellen ist noch die Annahme zu lesen, es habe vor dem Tempelbau auf dem Kapitol eine „archaische Triade" Jupiter-Mars-Quirinus gegeben als Vorläufer der „kapitolinischen Triade". Diese Spekulation wurde wissenschaftlich inzwischen aufgegeben.

2. Jeder Bürger hatte automatisch mit seinem Bürgerschaftsstatus (Mitglied einer anerkannten GENS) die offizielle Staatsreligion.

Entsprechend der Stadtgeschichte standen zunächst in jeder Hügelsiedlung eigene Kultstätten. Als gemeinsam waren besonders wichtig die Tempel auf dem Kapitol: Platz der Vesta-Verehrung und eines dreizelligen Tempels, in dem Jupiter, Juno und Minerva von den Patriziern verehrt wurden. Als Gegenpart war auf dem Aventin ein Tempel der Plebejer, der Ceres, Liber und Libera geweiht war.

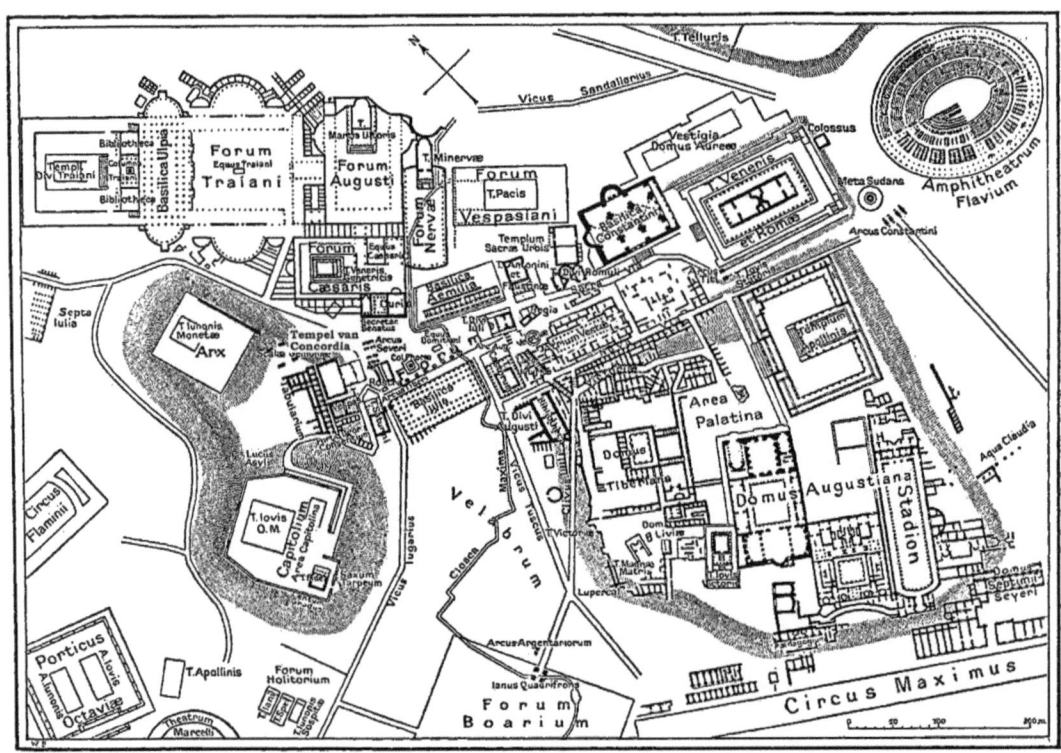

Karte der römischen Kultplätze (Stich von 1916)

Spätestens im 3. vorchristlichen Jahrhundert gab es dann in Anlehnung an etruskische Bräuche eine Liste offiziell verehrten Götter, die DEI CONSENTES. Auf dem Forum Romanum, dem Mittelpunkt der Stadt, standen sie als vergoldete Standbilder im PORTICUS DEORUM CONSENTIUM, einem in Form einer Säulenhalle gestalteten besonderen Tempel. Es handelte sich um folgende Gottheiten:

Name	Herkunft	Ort(e) der Haupttempel	Priester
Iuppiter	latinisch	Kapitol	Flamen Dialis
Iuno	etruskisch	Quirinal, Kapitol	Rex sacrorum
Minerva	etruskisch	Kapitol, Aventin	Collegia opificum
Mars	latinisch	Marsfeld, Augustusforum	Flamen Martialis
Venus	phönizisch	Forum Romanum, Kapitol	Collegium Veneris Genetrix
Vulcanus	etruskisch	Marsfeld, alle Stadtteile	Flamen Volcanalis
Neptunus	etruskisch	Marsfeld	
Apollo	griechisch	Palatin	
Diana	latinisch	Aventin, Caelius, Esquilin	
Ceres	etruskisch	Forum Romanum	Flamen Cerealis
Vesta	latinisch	Kapitol	Virgines Vestales
Merkur	latinisch	Aventin	Collegium mercatorum

Bis zur Kaiserzeit war ein Kollegium von 15 Staatspriestern für den offiziellen Kult folgender Gottheiten zuständig:
Iuppiter
Mars
Quirinus
Carmenta
Ceres
Falacer
Flora
Furrina
Palatua
Pomona
Portunes
Vulcan
Volturnus
und zwei, deren Namen nicht mehr bekannt ist.

Reste des Porticus deorum consentium im Forum Romanum

Einer Inschrift zufolge wurde das Gebäude, von dem diese Reste stammen, im Jahr 367 durch den Stadtpräfekten Vettius Agorius Praetextatus wiederhergestellt.

Anlässlich der Kalenderreform Julius Caesars wurde die 7-Tage-Woche nach babylonischem und ägyptischem Vorbild eingeführt. Dabei wurden die Wochentage nach den sieben Gottheiten benannt, denen in der Astrologie Himmelskörper zugeordnet sind:

Montag: DIES LUNAE
Dienstag: DIES MARTIS
Mittwoch: D. MERCURII
Donnerstag: DIES IOVIS
Freitag: DIES VENERIS
Samstag: DIES SATURNI
Sonntag: DIES SOLIS

3. Sonstige Kulte

Weitere Gottheiten wurden von Angehörigen bestimmer Berufsgruppen (Soldaten, Hirten, Händler, Handwerker) oder Vereinigungen (Bruderschaften) verehrt. Über das gesamte Stadtgebiet waren Tempel, Schreine und andere Kultstätten verteilt.

Da waren die sehr alten wie die von MATER MATUTA und PORTUNUS im FORUM BOARIUM, dem frühesten Handelsplatz. Auch Herkules, der angeblich mit seinem von Geryon erbeuteten Vieh hier Station gemacht hatte, wurde dort mit einem Schrein geehrt.

Über die Stadt verteilt waren Kultstätten von mit ihren Verehrern „eingewanderten" Gottheiten wie FAUNUS, SILVANUS und FORTUNA.

Mit der Eroberung außeritalischer Gebiete kamen die Götter der fremden Länder auch nach Rom, insbesondere der Isis- und der Mithraskult sind hier zu nennen.

Die Diversität der römischen Religion bewirkte, dass der seit der Ermordung Cäsars eingeführte Kaiserkult für keinen Römer ein Problem war. Tote und teilweise auch lebende Kaiser wurden wie Götter verehrt, es wurden für sie Tempel gebaut und Priester bestellt. Dieser Kult war einer der Punkte, die verantwortlich für den Konflikt mit den Christen waren.

Dieser Abschnitt fußt schwerpunktmäßig auf folgender Literatur, mit deren Hilfe man sich weitergehend informieren kann:

Müller, Volker, Römische Religionsgeschichte, Universität München, Fachdidaktik klassische Philosophie, WS 2010-11

Muth, Robert, Einführung in die griechische und römische Religion, 2. Auflage, Darmstadt 1998.

Dumezil, Georges, Archaic Roman Religion, aus dem Französischen übersetzt von Philip Krapp, Baltimore 1996.

Wie die Astrologie nach Rom kam

Alle vorrömischen Hochkulturen der Antike betrieben in der einen oder anderen Form Sternenkunde mit den dazu notwendigen Himmelsbeobachtungen. Die Menschen von der Jungsteinzeit an waren abhängig von einer erfolgreichen landwirtschaftlichen Produktion. Dies bedingte eine möglichst erfolgreiche Zeitbestimmung für Saat und Ernte; deshalb war die Erstellung eines verlässlichen Kalenders die wichtigste Aufgabe. Mond und Sonne in ihren wiederkehrenden Positionen gaben hier die Eckpunkte.

Wichtiger Taktgeber am Himmel ist der **Mond**.

Er steht regelmäßig nach 29 Tagen, 12 Stunden, 44 Minuten und 2,9 Sekunden genau zwischen Sonne und Erde. Dann kann er kein Sonnenlicht reflektieren und erscheint schwarz: Neumond. Daraus wurde schon früh ein **Monat** von 30 Tagen abgeleitet.

Ales Stenar
megalithische Steinsetzung in Südschweden,
die der Bestimmung der Sonnenwenden gedient haben soll.

Die Sonne lieferte mit den markanten Punkten Wintersonnenwende, Tag- und Nachtgleiche, Sommersonnenwende, Tag- und Nachtgleiche die Basis für die Einteilung der Zeit in **Jahre**.

Darüber hinaus wurden alle möglichen Himmelserscheinungen beobachtet und in unterschiedliche Divinationssysteme eingefügt. Hier sollen jedoch nur diejenigen berücksichtigt werden, bei denen die Bewegungen von Sonne, Mond, Planeten und anfänglich auch einigen Fixsternen in Beziehung zu Vorgängen auf der Erde gesetzt werden. Dies heißt seit der Antike Astrologie. Die Astronomie war nötige Hilfswissenschaft und hat sich erst in der Neuzeit als davon unabhängige Wissenschaft etabliert.

Die ältesten astronomischen Daten haben wir von den Sumerern. Sie beobachteten zunächst vor allem den Mond, dessen Rhythmus leicht nachvollziehbar war. Die dreitägige Neumondzeit war als Zeitgeber besonders wichtig. Auch Finsternisse wurden beachtet, zwischen meteorologischen und astronomischen Verfinsterungen aber nicht immer unterschieden.

Zur Sonne hatten die Völker des vorderen Orients ein gespaltenes Verhältnis: Einerseits spendete sie Licht und Wärme, andererseits konnte sie das Land versengen und verheerende Dürreperioden verursachen. Schon aus den vom Völkerkundler Frobenius gesammelten Mythen geht hervor,

Der Begriff „Astrologie" = Sternenkunde entstand, weil in der Frühzeit nicht zwischen Sternen und Planeten unterschieden wurde – Sterne waren alles, was am Himmel leuchtete. Im Deutschen waren lange die Begriffe „Fixsterne" und „Wandelsterne" in Gebrauch; zusammen bildeten sie die *Gestirne*.

Ob dichte Wolken oder der Schatten der Erde den Mond verdunkelten, beides war ein böses Omen.

Für die Bestimmung der Planetenbewegungen war es wichtig, ihren Platz am unendlichen Nachthimmel zu definieren: Zu diesem Zweck wurden immer mehr Sterne zu „Bildern" zusammengefasst, insbesondere in dem Bereich, der beim Aufgang der Sonne genau im Osten lag.

Der Prophet Daniel gehörte zu einer Gruppe jüdischer Fürstenkinder, die als Geiseln an den babylonischen Königshof kamen und dort, wie es üblich war, ihrem Rang entsprechend königlich erzogen wurden. Dazu gehörte auch eine Ausbildung im Tempeldienst und in der Astrologie.

Trotz seiner für die Juden „heidnischen" Betätigung blieb Daniel Jahwe treu und wurde Prophet.

dass die Sonne nur im gemäßigten Klima als ausschließlich segenspendend empfunden wird und deshalb weiblich ist. Weiterhin kannten die Sumerer die Planeten Saturn, Jupiter, Mars und Merkur. Dass Morgen- und Abenstern beide der gleiche Planet Venus sind, war unbekannt; auch helle Fixsterne wie Sirius wurden in sumerischen astronomischen Aufzeichnungen gefunden. Einige Gruppierungen von Fixsternen wurden zwar bereits als „Sternbilder" gedeutet, wie Tiamat (heute: Cetus/Walfisch). Ein geordneter zwölfteiliger Tierkreis existierte aber noch nicht.

Der wichtigste Faktor der Deutung waren nicht die Position eines Himmelslichtes, sondern der Zeitpunkt seines Erscheinens am Osthimmel (Aufgang) und sein Erscheinungsbild: hell/dunkel, mit oder ohne „Hof" usw.

Das Sternbild Cetus (Walfisch)

Die Sumerer waren auch die ersten, die bestimmten Göttern Gestirne zuordneten. Die Bewegungen der Himmelskörper wurden als Omen des jeweiligen Götterwillens gedeutet. Für einzelne Menschen im Sinne unserer heutigen Individualhoroskope gab es allerdings noch keine astrologisch begründeten Prophezeiungen. Der aus dem Lauf der Gestirne abgelesene Wille der Götter zeigte sich auf der Erde in gutem oder schlechtem Wetter, reichlichen Ernten oder Missernten, Überschwemmungen oder Dürre usw. Auch der Verlauf der Herrschaftszeit eines Königs und der Erfolg oder Misserfolg eines Kriegszugs wurde von den Priestern der jeweiligen Gottheit abgelesen. Die Sternenkunde war ein Teil des religiösen Kultes und die Ausbildung erfolgte im Tempel. Dies begründet auch das Verbot der Astrologie für die Juden im Alten Testament, von dem nur der Prophet Daniel ausgenommen war.

Die nachfolgenden Herrscher des Zweistromlandes bauten auf die sumerischen Vorstellungen auf, veränderten und ergänzten sie, so dass in spätbabylonischer Zeit bereits von einer Astrologie im heutigen Sinn gesprochen werden kann. Aus dem Tempel ausgeschiedene Priester fingen zu dieser Zeit an, gegen Bezahlung Vorhersagen auf astrologischer Basis anzubieten. Gleichzeitig gab es immer wieder einen Austausch der Erkenntnisse mit den benachbarten Ländern.

Für die Rolle, die die bekannten Planeten in diesem Statium der Astrologiegeschichte spielten, gibt es einen Keilschriftfund, den Staatsvertrag zwischen Asarhaddon, König von Assyrien, und Ramataia, Prinz der Meder aus dem 7. vorchristlichen Jahrhundert. Hier heißt es in der Präambel:

„In Gegenwart
- der Planeten Sul.pa.ud.du (Jupiter), Dilbat (Venus), Kaimanu (Saturn), Gud.ud (Merkur), Dal.bat.a.nu (Mars), Sirius,
- und in der Gegenwart von Assur, Anu, Enlil, Ea, Sin, Shamash, Adad, Marduk, Nabu, Nusku, Urash, Nirgal, Ninlil, Sheru'a, Belet-ilani, Herrin der Götter: Ishtar von Ninive und Ishtar von Arbela,
- (bezeugt) durch alle Götter von Assur, Ninive, Kalah, Arbela, Kakzu, Harran, durch alle Götter Assyriens, alle Götter in Babylon, Borsippa, Nippur, durch alle Götter Sumers, sie alle, alle Landgötter; durch die Götter von Himmel und Erde."

(übersetzt nach Laessoe)

Erst die Griechen unterschieden die Himmelslichter nicht mehr nach Helligkeit, sondern nach deren Bewegung. Damit schied der Sirius aus, obwohl er viel heller strahlt als die meisten Planeten.

Entgegen landläufigen Auffassungen wird aus dem Text deutlich, dass die Planeten nicht den Status von Göttern hatten, sie werden klar von diesen unterschieden.

Ihre Rolle wird ablesbar an der Übersetzung des Namens für Venus „Verkünderin". Der Planet verkündete demnach durch sein Erscheinungsbild den Willen und die Absicht der ihm zugeordneten Gottheit. Damit gibt es eine Parallele zwischen himmlischen und irdischen Erscheinungen, ohne dass die Planeten die Urheber sind.

Keilschriftvertrag gefunden in den Ruinen von Calah am oberen Tigris nahe bei Niniveh

Vergrößerter Ausschnitt aus dem links abgebildeten Fragment

Die astrologische Lehre von der Entsprechung von himmlischen und irdischen Vorgängen geht also auf Sumerer und Babylonier zurück.

Auch die Individualastrologie wurde zuerst in den Städten des Zweistromlandes praktiziert, nachdem im neubabylonischen Reich der Chaldäer ab 625 v. Chr. die Staatsreligion an Bedeutung verlor und die Astrologen-Priester sich neue Einnahmequellen erschließen mussten. Sie blieben dabei nicht in ihren angestammten Ländern, sondern zogen mit dem Angebot, die Zukunft „lesen" zu können, vor allem nach Westen und erreichten Ägypten, Griechenland und Rom. Auch nachdem nacheinander die Perser, Alexander der Große und die Seleukidenkönige die Macht in Mesopotamien übernommen hatten, blieb der Name „Chaldäer" für astrologisch arbeitende Zukunftsdeuter erhalten.

Es waren jedoch griechische Philosophen und Wissenschaftler, die die Astrologie einerseits auf eine wissenschaftliche Grundlage stellten, andererseits aber die Planeten vergöttlichten, wie in Platons „Timaios" nachzulesen ist. Die europäische Astrologie entwickelte sich dadurch weiter, dass der **Tropische Tierkreis** von nun an zur Definition von Planetenpositionen verwendet wurde. Dieses einheitliche System gilt bis heute.

Durch Beobachtung des Himmels kurz vor Sonnenaufgang hatte man elf Sternbilder definiert, die offensichtlich einen Kreis am Himmel bildeten; dies waren Widder, Stier, Zwillinge, Krebs, Löwe, Jungfrau, Skorpion, Steinbock, Schütze, Wassermann und Fische. Ihr Himmelspfad wurde „Zodiacos" = „Kreis von Lebewesen" genannt. Unter Einfluss der mesopotamischen Himmelslehre wurden dann auch bei den griechischen Naturphilosophen die Scheren des Skorpions zu einem eigenen Sternbild. Wie bereits bei den Sumerern nannte man diese Konstellation „Waage" (Giš-rin). Der Name *Zodiak* wurde aber nicht geändert, obwohl die Waage kein Lebewesen ist.

Aber bereits damals war erkennbar, dass dieser (siderische) Zodiak nicht dauerhaft für die Positionsbestimmung von Himmelskörpern geeignet ist, da er sich mit der Präzession bewegt. Es wird vermutet, dass deshalb insbesondere mit Hilfe von Pythagoras

Marginalien:

Der deutsche Ausdruck „Tierkreis" ist eine sog. Lehnübersetzung von lateinisch zodiacus < griechisch zōdiakós (kýklos), zu: zōdion = kleines Gebilde, Verkleinerungsform von: zōon = Lebewesen, Tier (Duden, Das Herkunftswörterbuch)

Die Erfindung des tropischen Tierkreises ist deshalb plausibel den Pythagoräern zuzuschreiben, da sie einerseits die Mathematisierung, andererseits Mystifizierung des Kosmos in ihrer Sphärenharmonie vertraten.

Illustration zu dem griechischen Lehrgedicht PHAENOMENA von ARATUS von SOLI, das die Tierkreiszeichen im frühen 3. Jhd. v. Chr. beschreibt.

der tropische Tierkreis entwickelt wurde, eine Art himmlisches Maßband, das den Jahresweg der Sonne in 12 gleiche Abschnitte teilt, damals beginnend beim Höchststand des Gestirns am Ende des Zeichens Krebs (heute bei der Frühlings-Tagundnachgleiche im Widder).

Die aristotelische Lehre von den Elementen und den Temperamenten wurde auf den Zodiak angewendet und damit waren im Grunde bereits die Basis der modernen Astrologie vorhanden – bis auf die Planeten. Diese wurden nicht mehr nur als Omina der Götter angesehen, sondern den Göttern direkt zugeordnet als „Stern der" Aphrodite oder „Stern des" Zeus, Kronos, Hermes, Mars. Sonne und Mond wurden hier erstmals aus ihrer Sonderrolle genommen und als Helios und Selene zugehörig definiert.

Berücksichtigt werden muss bei allen diesen Überlegungen, dass als Folge des alexandrinischen Großreiches ein lebhafter Austausch zwischen der babylonischen, ägyptischen und griechischen Wissenschaft herrschte, so dass teilweise gar nicht mehr nachvollziehbar ist, wo welche Neuerung tatsächlich zuerst eingeführt wurde.

Als der Mardukpriester Berossos um 280 v. Chr. eine Astrologenschule auf der griechischen Insel Kos gründete, kam zum astrologischen Handwerkszeug die Aspektlehre hinzu, wenig später wurde es mit den astrologischen Häusern ergänzt. So waren alle auch heutzutage üblichen Elemente der Astrologie beisammen, es gab die ersten schriftlichen Tabellen der Planetenstände, sogar mechanische Vorrichtungen zur Rekonstruktion von Himmelskonstellationen wurden bereits gebaut.

Die Verbreitung der Astrologie wurde begünstigt durch die Ausbreitung der philosophischen Lehre der Stoa, die in einer Kombination von Physik und Weltanschauung alles Geschehen in der Welt auf ein System von natürlich ablaufenden Gesetzen zurückführte. Hier ließ sich die Astrologie und das bereits in Babylon entwickelte System der Entsprechungen vortrefflich einordnen, so sehr, dass einige oberflächliche Kritiker behaupteten, Stoiker beteten statt der Götter den Tierkreis an. Insbesondere der Stoiker Poseidonios brachte die Ansicht der Astrologie als Naturphilosophie nach Rom, wo er Vorlesungen hielt, die auch Cicero und Pompeius besuchten. Mit dem sich in Rom ausbreitenden stoischen Gedankengut wurde auch die naturphilosophische Grundlage der Astrologie, die Entsprechung von himmlischen und irdischen Vorgängen, Bestandteil der wissenschaftlichen Grundlagen. Diese Anschauung gipfelte in den vom Kaiser Marc Anton niedergelegten „Selbstbetrachtungen", in denen der schreibt:

> „Alles ist wie durch ein heiliges Band miteinander verflochten. Nahezu nichts ist sich fremd.
> Eines schließt sich dem anderen an und schmückt mit ihm vereint dieselbe Welt." (7. Buch, 9)

Die Abschnitte des tropischen Zodiaks wurden nach den damals dahinter liegenden Sternbildern benannt. Letztere sind inzwischen aufgrund der Präzession um ca. 1 Zeichen verschoben. Dass Tierkreiszeichen und Sternbilder den gleichen Namen haben, sich aber am Himmel ganz woanders befinden, führt bei Nicht-Astrologen häufig zu Irritationen.

Die griechische Insel Kos hatte im Altertum eine jahrhundertealte Tradition als Ausbildungsstätte, denn hier war seit dem 5. vorchristlichen Jahrhundert eine berühmte Ärzteschule, die von Hippokrates von Kos (460–370 v. Chr.) gegründet worden war, dessen „Eid" noch heute zum Berufsethos der Ärzte gehört.

Der zunehmende griechische Einfluss wird am Bau des Pantheons auf dem Platz eines früheren Augustus-Tempels deutlich. Dieser Bau, in dem mehrere Götter verehrt worden sein sollen, trägt sogar einen griechischen Namen!

Alexander Severus (222-235) gründete die erste „Hochschule für Astrologie" und stellte die ersten Honorarprofessoren für Astrologie in Rom an.

Zwischen Nero und seiner Geliebten und späteren Ehefrau Poppaea Sabina gab es eine Art „Astrologenkrieg": Beide hatten jeweils eine Gruppe Astrologen um sich geschart und handelten nach deren Ratschlägen (Tacitus, Hist. I,22)

Während die als Wahrsager agierenden „Chaldäer" von den gebildeten Römern weitgehend ignoriert wurden, brachten griechische astrologische Schriften die Wende. Nach Thomas Schäfer kamen diese speziell 194 v. Chr. nach dem römisch-syrischen Krieg mit den heimkehrenden Legionen nach Italien. Die Abhandlungen der hellenistischen Philosophen, Mathematiker und Naturforscher machten Astrologie als Vorhersagungssystem in gebildeten Kreisen Roms gesellschaftsfähig und lösten teilweise die von den Etruskern stammenden mantischen Systeme der Eingeweideschau, Beobachtung des Vogelfluges und Beurteilung von Blitzen ab. Der erste bekannte vollständig nach „hellenistischem System" ausgebildete Astrologe war der Gelehrte und Politiker Publius Nigidius Figulus (* um 100 v. Chr.; † 45 v. Chr.), der nach Lucan u. a. den Sieg Caesars und das Ende der Republik vorhersagte. Am meisten scheint er sich mit Wetterastrologie befasst zu haben. Leider sind seine diesbezüglichen Schriften bis auf Fragment-Zitate bei anderen Autoren verloren.

Von Anfang an war jedoch der in astrologischen Zukuftsaussagen häufig enthaltene Determinismus auch Kritikpunkt, insbesondere Cicero übernahm dabei die Argumente des griechischen Skeptikers Panaitios, die teilweise noch heute von Gegnern der Astrologie vorgetragen werden. Das Hauptargument war, wie es sein könne, wenn doch jedem Menschen im individuellen Horoskop ein individuelles Schicksal verzeichnet sei, dass Hunderten oder Tausenden bei Naturkatastrophen oder Schlachten im gleichen Moment das gleiche Schicksal widerfahre. Es gibt mehrere Entkräftungen dieses Arguments, die sich inzwischen überall in der astrologischen Standardliteratur finden.

Auf die Ausbreitung der Astrologie hatten die gegnerischen Angriffe jedoch keine Auswirkung. Zwar ist unklar, ob Julius Caesar sich ihrer bereits bediente – Befürworter und Gegner haben darum Geschichten geflochten, deren Wahrheitsgehalt nicht mehr überprüfbar ist. Spätestens seit Kaiser Augustus jedoch war die Einbeziehung astrologischer Gutachten in Staatsentscheidungen üblich. Kaiser Nero ließ sogar Münzen mit seinem HOROSCOPUS (Aszendenten) Steinbock prägen. Gleichzeitig wurde die Jahrmarktastrologie der Chaldäer mehrfach erfolglos verboten. Auch Astrologen, die ihre Kenntnisse benutzten, um daraus politisches Kapital zu schlagen, z. B. das Ende eines bestimmten Kaisers vorherzusagen, wurden verfolgt und mit schweren Strafen bedroht. Außer den vom Kaiser selbst beauftragten Astrologen war es bei Todesstrafe verboten, im Horoskop des Herrschers zu „lesen". Trotzdem versuchten Parteigänger aller Richtungen immer wieder die Astrologie für ihre Zwecke einzuspannen. Gleichzeitig bildeten sich „Astrologenschulen", häufig als verschworene Gemeinschaften basierend auf einem Familienclan, die versuchten, ihr Wissen voreinander geheim zu halten.

Das astrologische System der Entsprechungen lebte besonders im Mithraskult weiter. Die Mithräen, sich über ganz Europa verbreitende Kultstätten, wurden nach astronomischen Gegebenheiten ausgerichtet und mit Darstellungen von Tierkreisbildern geschmückt.

Während man früher den Ursprung des Mithraskultes in Persien sah, sind Religionswissenschaftler heutzutage der Meinung, dass es sich um einen griechischen Mysterienkult mit persischem Einfluss handelt. (von Stuckrad)

Mithrasrelief von Neuenheim, 2. Jhd. Badisches Landesmuseum Karlsruhe
Tierkreisbildern als Rahmen

Die Lehre der astrologischen Entsprechungen wird im sogenannten „Hermetischen Gesetz" zusammengefasst, das von dem mythischen *Hermes Trismegistos* stammen soll:
Was unten ist, gleicht demjenigen, was oben ist, und was oben ist, wiederum demjenigen, was unten ist, auf dass sie gemeinsam das Wunder des Einen Dinges vollbringen.

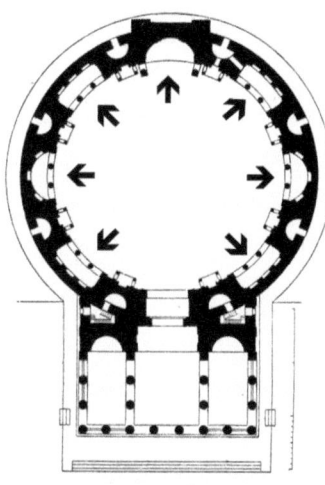

Grundriss des Pantheons
In den sieben Nischen sollen Standbilder der sieben Planetengötter gestanden haben

Unterschiedliche Aussagen sind darüber zu finden, warum in der späten römischen Zeit Jupiter als höchster Gott von SOL INVICTUS (unbesiegbare Sonne) abgelöst wurde. Sowohl die Bedeutung von Mithras als Sonnengott als auch die Verbreitung der Astrologie werden genannt.

Das von Kaiser Septimius Severus (146-211 n. Chr.) am Eingang zum Palatin errichtete Septizonium soll ein den sieben Planeten als Göttern geweihter Bau gewesen sein. Durch Septimius wurde die Form der siebentägigen Woche, bei der jeder Tag einem Planeten zugeordnet ist, endgültig eingeführt. Sie ist bei uns – von der Unterbrechung zur Zeit der Französischen Revolution abgesehen – noch immer gültig. Auch das Pantheon wird mit den „Planetengöttern" in Verbindung gebracht.

Damit war die Astrologie endgültig im Weltreich der Römer angekommen. Großartige Neuerungen wie die Einführung des tropischen Tierkreises durch die Griechen 500 Jahre zuvor gab es zwar nicht mehr, aber die Techniken wurden verfeinert und insbesondere die Individualastrologie erlebte einen unerhörten Aufschwung. Alle Kaiser hatten astrologische Berater, selbst in Zeiten, da Astrologie offiziell verboten war.

Dem aufkommenden Christentum war zwar der stoische Determinismus ein Gräuel und Astrologie wurde in mehreren Konzilsbeschlüssen in einen Topf mit Magie, Manichäismus und andere Ketzersysteme geworfen. Aber das Lesen des göttlichen Willens aus „Zeichen am Himmel" machte keine Probleme: Hatte doch der Stern von Bethlehem die Geburt des Heilands selbst angekündigt und die Nachricht bis zu den Astrologen-Magiern im Osten getragen, die ab dem 6. Jahrhundert als „Heilige drei Könige" verehrt wurden.

"Drei Könige", antikes Mosaik aus Ravenna um 565.
Die Könige tragen altpersische Tracht.

Dieser Abschnitt fußt schwerpunktmäßig auf folgender Literatur, mit deren Hilfe man sich weitergehend informieren kann:

Dietz, Otto Edzard, Geschichte Mesopotamiens von den Sumerern bis zu Alexander dem Großen, München 2004.

Lindsay, Jack, Origins of Astrology, London, 1972.

Schäfer, Thomas, Vom Sternenkult zur Astrologie, Düsseldorf 1993.

Stuckrad, Kocku von, Geschichte der Astrologie, Beck'sche Reihe, München 2007.

Astrologische Symbole

Wer heutzutage einen Planetennamen benutzt, denkt vordergründig sicher nicht an die römische Gottheit, die diesen Namen einst trug. Astronomie und Astrologie sind äußerlich völlig unabhängig von der antiken Religion, die von ihnen verwendeten Namen haben keine spirituelle Bedeutung mehr. Aber während in der Astronomie ein Planetenname direkt den jeweiligen Himmelskörper meint, wird er in der Astrologie als astrologisches Symbol verwendet, das einen vielschichtigen Bedeutungskomplexes bezeichnet. Der Planetenname ist ein Kürzel für ein Geflecht von miteinander zusammenhängenden Bedeutungen. Die zu einem bestimmten Planetennamen gehörenden Begriffe nennt man Zuordnungen, Entsprechungen, Korrespondenzen oder (veraltet) Signaturen.

Über Zuordnung können astrologische Symbole beschrieben werden. Das gilt für Tierkreiszeichen, Planeten (incl. Sonne und Mond) und Häuser. Das Verhältnis zwischen einem solchen Symbol und seinen Zuordnungen kann man sich mit Hilfe eines Modells vergegenwärtigen.

Vereinfacht dargestellt, besteht eine astrologische Deutung darin, zu jedem im Horoskop erfassten Element die entsprechende Zuordnung zu finden und alle gefundenen Zuordnungen miteinander zu verknüpfen.

Also kann man Korrespondenzen, Zuordnungen oder Entsprechungen als Grundlagen aller astrologischen Deutungen definieren.

Man kann sich ein astrologisches Symbol als Kugel mit vielen Facetten vorstellen; jeder Zuordnungsbegriff stellt eine Facette dar. Man kann sich, wie links abgebildet, auch dabei vorstellen, die dem Symbol zugeordneten Begriffe seien auf die jeweiligen Facetten gedruckt.

Je nachdem, von welcher Seite man den Körper betrachtet, sieht man das Symbol aus einer anderen Perspektive, erkennt man andere Zuordnungen, die sich jedoch alle auf das gleiche Symbol beziehen, das sich quasi „unsichtbar" in der Mitte der Kugel befindet.

Modell des astrologischen Symbols Uranus

Über die Gesamtschau der Entsprechungen wird das Symbol astrologisch definiert. Auch wenn es sich in vielen Facetten zeigt, ist das Symbol doch immer ein Ganzes, alle seine Korrespondenzen unterliegen zur gleichen Zeit den gleichen Bedingungen.

Bereits in den Keilschriftdokumenten Mesopotamiens sind solche Zuordnungen enthalten, was den Religionswissenschaftler Koku von Stuckrad veranlasste darauf hinzuweisen, dass sich bestimmte Deutungen in der Astrologie seit mehr als 2500 Jahren in ihrem Kern nicht verändert haben (a. a. O. S. 61). Auch in der „Tetrabiblos" des Claudius Ptolemäus (um 100- vor 180), das bis in die Neuzeit als Standardwerk der westlichen Astrologie galt, sind Zuordnungslisten enthalten, die darstellen sollen, was jedes einzelne Planeten- oder Tierkreiszeichenprinzip symbolisch bedeutet. Ausgeweitet wurden diese Kataloge als sogenannte „Signaturenlehre" von Paracelsus (Theophrastus Bombastus von Hohenheim 1493-1541). Auch die Werke von William Lilly (1602 -1681), Vater der englischen „christlichen" Astrologie, enthalten solche Aufstellungen.

Auf diese Weise hat sich die Astrologie zu einer symbolischen Sprache entwickelt. Alles, was auf der Welt existiert, kann über Zuordnungen in diese Sprache übersetzt werden, ihre Vokabeln sind die Korrespondenzen für Horoskophäuser, Tierkreiszeichen und Planeten. Dafür gibt es heutzutage Handbücher, die im Prinzip wie Wörterbücher fungieren.

Der Planet Uranus ist in dieser Betrachtung *eine* mögliche Entsprechung des astrologischen Symbols ⛢. Bereits im Altertum wurde das sogenannte hermetische Prinzip „Wie oben, so unten" definiert, das besagt, dass man aus der physischen Position des Uranus im Sonnensystem die Situation aller von diesem Symbol dargestellten Deutungsfacetten ablesen kann. Je nachdem, an welchem Punkt seiner Bahn sich Uranus befindet, bedeutet dies Harmonie, Spannung, Aktivität, Ruhe usw.. Eine der jahrtausendelangen Aufgaben der Astrologie war es, für alle Planeten die Bedeutungen ihrer Positionen zu ermitteln. Die Bedeutung wird in der Astrologie „Zeitqualität" genannt. (Dies ist hier kein physikalischer, sondern ein philosophischer Begriff, denn die physikalische Zeit hat keine Qualität.) Alle Zuordnungen eines astrologischen Symbols unterliegen zur gleichen Zeit der gleichen astrologischen Zeitqualität.

Die gegenwärtige Epoche wird häufig als Informationszeitalter bezeichnet. Tatsächlich nimmt das Sammeln von Informationen einen breiten Raum ein. Öffentliche „Informationssammler" wie Google und Wikipedia bekommen quasi wissenschaftliche Autorität und die Problematik des Datenschutzes taucht in vielen Lebensbereichen auf.

Bei allem Stolz auf die Menge der gesammelten und verfügbaren Daten wird jedoch nicht immer daran gedacht, dass Informationen allein wenig aussagen. Erst ihre Bedeutung für Menschen, Staaten, Wirtschaftsgefüge usw. macht ihren Wert oder Unwert aus.

Marginalien:

Wenn man eine Sprache lernen will, muss man Vokabeln lernen.

Wenn man Astrologie lernen will, muss man Zuordnungen lernen.

Sie immer neu zu kombinieren, wie es sich aus den wechselnden Himmelskonstellationen ergibt, macht die „Kunst" des Astrologen aus.

Symbolzeichen stehen stellvertretend für Inhalte, über die kommuniziert werden soll. Oft sind dies komprimierte bildliche Darstellungen, Gesten oder Glyphen.

Symbolzeichen können einfache Sachverhalte darstellen, wie z. B. „Daumen nach oben" für den Inhalt: „Finde ich gut", aber auch sehr komplexe Inhalte wie die Glyphe für ein astrologisches Symbol.

Der Unterschied zwischen der Information über eine Tatsache und ihrer Bedeutung kann am Beispiel „Tod des Vaters" demonstriert werden. Einige Bedeutungen dieses Faktums können sein:
- Verlust eines Freundes,
- Ende einer Tyrannei,
- Gewinn einer großen Erbschaft,
- gar nichts (weil der Vater vor vielen Jahren wegging und kein Kontakt bestand)
- u.v.m.

So kann eine Information ganz unterschiedliche Bedeutungen haben. Aber eine Bedeutung kann sich auch in unterschiedlichen Fakten realisieren. Die Bedeutung „deine Partnerschaft wird sich völlig wandeln" kann sich konkretisieren als
- Trennung,
- Neubeginn mit dem gleichen Partner,
- Verlust des Partners,
- neuer Partner
- usw.

Es ist also nicht einfach möglich, von einer Information auf deren Bedeutung und umgekehrt zu schließen. Für Menschen – sowohl im Selbstverständnis als auch im Zusammenleben mit anderen Menschen – sind jedoch die Bedeutungen von ausschlaggebender Wichtigkeit. Die Ermittlung der Zeitqualität in Form von astrologischen Symbolen, die Kernaufgabe der Astrologie, liefert diese Bedeutungen. Astrologie fungiert also als Bedeutungssystem im Gegensatz zum Informationssystem.

Um die Zeitqualität zu ermitteln, könnte man theoretisch jede Facette des Symbolinhalts verwenden. Planeten sind aber durch ihre großräumigen, gut beobachtbaren und berechenbaren Bewegungen besonders geeignet. Jeder Planet ist quasi einer der Zeiger, die wie in einer riesigen Sonnensystem-Uhr die Zeitqualität ablesbar machen. Aufgabe der Astrologen ist die Deutung der ermittelten Zustände in konkrete Lebensumstände.

Wenn man von Himmelskörpern spricht, wird „Wirkung" in der Regel physikalisch verstanden. Dies steht im Widerspruch zum allgemeinen Wortgebrauch, in dem durchaus auch von Wirkung bei Worten und Taten die Rede ist. Aber um allen Kritizismen zu entgehen, hat die moderne Astrologie sich für eine (analoge) Synchronizität entschieden, die z. B. im Uhrenmodell bildlich darstellbar ist. Sie entspricht dem seit den Sumerern geläufigen Prinzip der Entsprechung von Himmelsereignissen und irdischen Vorgängen.

Eine physikalische Wirkung der Planeten entsprechend ihren wechselnden Positionen im Sonnensystem ist bislang nicht zu finden (außer der Gravitation). Möglicherweise gibt es jedoch ein noch unbekanntes Wirkprinzip, das die akausale Synchronizitätstheorie weiterführt. Man könnte dabei

---

Die kosmische Uhr des Sonnensystems geht sehr langsam: Erst nach mehr als 200 000 Jahren sind alle Hauptplaneten des Sonnensystems wieder gleichzeitig auf dem gleichen Platz.

Da die zu deutende Horoskopzeichnung eine stilisierte Karte des Sonnensystems zu einem bestimmten Zeitpunkt ist, kann kein in den letzten 5000 Jahren erstelltes Horoskop gleich einem sein, das für eine anderen Zeitpunkt erstellt wurde.

Eine mögliche Erklärung für solche Übereinstimmungen ist das von C.G.Jung postulierte „Kollektive Unbewusste" in dem sich Urbilder menschlicher Erfahrung befinden sollen, die er *Archetypen* nennt.

auch annehmen, dass die häufig postulierten Übereinstimmungen zwischen Planetennamen, der Mythologie des ursprünglichen Namensträgers und der astrologischen Deutung aus der gleichen Quelle stammen.

Ohne dass Autoren vieler Einführungen in die Astrologie dieser Theorie absichtlich folgen wollten, haben sie doch den Weg gewählt, astrologische Symbole über die Mythologie des Götternamens zu erklären, mit dem das Symbol bezeichnet wird. Dabei wird üblicherweise die griechische Überlieferung referiert.

Aber welche Archetypen werden bei uns wirklich angesprochen, wenn wir *römische* Götternamen verwenden? Durch eine Darstellung der ursprünglichen italischen, aber bereits in der Antike durch griechische Mythen überfremdeten Götterwelt sollen deren Aspekte ans Licht geholt und mit den hier und heute verwendeten astrologischen Symbolen verglichen werden. Daraus können sich Ergänzungen zu den und neue Erkenntnisse über die astrologischen Symbole ergeben.

Dieser Abschnitt fußt schwerpunktmäßig auf folgender Literatur, mit deren Hilfe man sich weitergehend informieren kann:

Goos, Hannelore, Handbuch der astrologischen Zuordnungen, Bd. 1-4, Aachen 2008-2010.

Schäfer, Thomas, Bildersprache Astrologie, Wettiswil (CH) 1991.

Stuckrad, Kocku von, Geschichte der Astrologie, Beck'sche Reihe, München 2007.

Merkur

Vorgeschichte

Der innerste Planet unseres Sonnensystems hieß bei den Sumerern **Gud.ud** (der Springende) oder **Kakkab Marduk** (Bote Marduks); im Zweistromland war er der Stern des Gottes Nabû oder Nebo, Stadtgott von Borsippa.

Dieser gilt als Gott der Schreibkunst und Erfinder der Keilschrift, seine Attribute sind Lehmtafel und Griffel. Als Gott der Weisheit oblag es ihm, die Lebensdaten jedes Menschen in eine Liste einzutragen und so über die Lebenslänge zu entscheiden. Ein weiterer seiner Beinamen ist „Verkünder", in dem Sinn, dass er den Menschen die Beschlüsse der übrigen Götter überbrachte. Als „Herr des Westpunktes", des Sonnenuntergangspunktes, hatte er auch die Rolle eines Begleiters aus dem Leben in den Tod. Es wurde zwar nie bestritten, dass Nabû ein mächtiger Gott sei, aber im Lauf der Jahrhunderte wurde er teilweise sehr unterschiedlich dargestellt, je nach den herrschenden Verhältnissen.

Zeichnung eines Nabu-Standbilds im Britischen Museum London

Bei den Ägyptern war der innerste Planet zunächst Sebeg, der „Stern des Seth".

Erst in griechisch-römischer Zeit, als der Kulturaustausch im östlichen Mittelmeer in vollem Gang war, wurden zunächst Thot und Anubis, später nur noch Thot als Gott dieses Himmelskörpers genannt.

Die unterschiedliche Darstellung von Nabû und die ägyptische Wechselhaftigkeit machten es den griechischen Astronomen-Philosophen zunächst schwer, eine analoge Gottheit des eigenen Pantheons für diesen Himmelskörper zu finden. Sowohl Apollon als auch Hermes kamen in Frage. Deshalb wurde zunächst lieber der Profanname „Sonnenbegleiter" oder „Stilbon" (Funkelnder) verwendet. Später setzte sich Hermes jedoch allgemein durch. Im Rahmen der Graezisierung der römischen Religion wurde der römische Gott Mercurius ihm gleichgesetzt.

Seba (en) Set
Stern des Seth

Merkur-Hieroglyphe
Sebeg
Neues Reich
1550 – 1070 v. Chr.

MERCURIUS als römischer Gott

Wie schon in der Geschichte der Stadt Rom dargestellt, war der früheste gemeinsame Platz der Dörfer auf den sieben Hügeln ein Marktplatz, das spätere FORUM BOARIUM (Viehmarkt). Dort fand der Handel insbesondere zwischen den etruskischen Städten, die Fremden das Betreten verboten, und den Siedlungen der unterschiedlichen Volksgruppen des Umlands statt. Auch griechische und phönizische Kaufleute haben dort regelmäßig ihre Waren angeboten. Ein göttlicher Beschützer der MERX (Handelswaren) kann angenommen werden, und aus diesem Wort soll der Göttername MERCURIUS abgeleitet sein.

Es gab auch phantasievolle Versuche, MERCURIUS vom Namen einer etruskischen Gens *mercu abzuleiten, diese blieben jedoch Spekulation.

Auf diesem Markt fand in den Jahrhunderten um die Stadtgründung eine Art Tauschhandel statt. Dabei fungierten Rohkupfer (AES RUDE), gewogene Bronzebarren (AES SIGNATUM) mit Bildern oder einer Aufschrift und vor allem Kleinvieh als Wertmaß. Der lateinische Begriff für Geld PECUNIA leitet sich von dem für Kleinvieh PECUS ab, was darauf schließen lässt, dass die ersten Formen von Geld in Rom Ziegen und Schafe waren. Um 278 v. Chr. wurde damit begonnen Bronzemünzen mit Merkur als Münzbild zu giessen. Diese als AS bezeichneten Geldstücke wurden später mit Janus geschmückt und Merkur wechselte auf den SEXTANS (= 1/6 AS).

Merkur-Münze

Die ursprüngliche Herkunft der Gottheit liegt jedoch im Dunkel und es hat unter den Religionswissenschaftlern der vergangenen 200 Jahre unterschiedliche Spekulationen darüber gegeben. Dass MERCURIUS als Gottheit von griechischen Händlern nach Rom gebracht worden sein soll, ist eher unwahrscheinlich, denn die Griechen der Städte Groß-Griechenlands (der Städte außerhalb des Mutterlands rund um das Mittelmeer) verehrten Hercules als Beschützer der Handelswege. Auch eine Verbindung zum etruskischen Gott Thums wird in der Literatur genannt, allerdings ohne Begründung. Es scheint sich also doch um eine italische Gottheit gehandelt zu haben, auch wenn von einem Kult erst spät berichtet wird.

Nach Entstehung der Stadt wurde Merkurs Haupttempel ein 495 v. Chr. eingeweihter Bau zwischen dem Palatin und dem Aventin. Gleichzeitig mit seiner Stiftung wurde eine Kaufmannsgilde gegründet, die neben der Organisation des Tempeldienstes auch für die Unterhaltung einer Getreidebörse zuständig wurde. Zuvor war der Getreidehandel als „landwirtschaftliche Tätigkeit" in der Hand der Patrizier, die durch Wucherpreise mehrmals eine Hungersnot ausgelöst hatten. Die Getreidebörse, die durch die Anbindung an den Merkurtempel quasi „göttlichen" Status erhielt, beendete die Spekulationsmöglichkeiten. Dies erfolgte nicht ohne Widerstand der Patrizier und es gab natürlich Störversuche.

Die Weihung des Tempels erfolgte nicht wie üblich durch einen herrschenden Konsul, sondern durch einen Senator, einem Plebeier etruskischen Namens. Möglicherweise drückt sich darin der letzte Widerstand der Patrizier gegen die Regulierung ihrer Einnahmequelle Kornhandel aus, denn sie verehrten Hercules als Gott der Kaufleute. Die Verbindung Merkurs mit der für die plebeische Gemeinde zuständigen Ceres lässt auf seine Beziehung zu den Plebejern schließen.

Auf den ältesten Kultkalendern kommt MERCURIUS noch nicht vor, erstmals wird er beim Lectisternium von 399 v. Chr. als Partner von Neptun genannt. Ab 217 v. Chr. ist er Pendant zu Ceres bei den großen öffentlichen Götterbewirtungen und damit in den Kreis der DII CONSENTES aufgenommen.

Durch die Aufnahme Merkurs in den Kreis der Staatsgötter wurde die enorme Wichtigkeit des Handels für die Existenz Roms am Ende doch gebührend anerkannt.

Mythologische Reste

Eine römische oder italische Herkunft von MERCURIUS ist nicht direkt überliefert. Es bestehen in Bezug auf diese Gottheit nur literarische Zeugnisse ab dem 2. vorchristlichen Jahrhundert, die möglicherweise auf Volkserzählungen basieren, diese Quelle aber nicht ausdrücklich nennen.

In der Literatur besteht eine sehr frühe Verbindung zwischen Merkur und Rom, von der bei Pausanias, Livius and Dionysius von Halicarnassus – wenn auch in unterschiedlicher Ausgestaltung der Einzelheiten – berichtet wird:

> Merkur soll mit Carmenta einen Sohn, Euander von Pallene, gehabt haben. Geboren und aufgezogen wurde der Götterspross aber in Arkadien, einem Gebiet auf dem griechischen Peloponnes.
>
> Erwachsen sei er dann mit einigen Getreuen nach Italien gegangen. An der Stelle, wo später die Stadt Rom entstehen sollte, habe er er mit seiner kleinen Schar eine Siedlung errichtet. Auch seine Mutter Carmenta soll darunter gewesen sein, denn nach Hyginus soll sie fünfzehn Buchstaben des griechischen Alphabeths so verändert haben, wie sie ihr Sohn dann als „lateinische Schrift" den Latinern gebracht hat.
>
> Euander nannte seine Siedlung Pallantium nach entweder seinem Sohn oder seiner griechischen Heimatstadt. Dies soll auf dem Palatin gewesen sein, daher dessen Name.
>
> Euander war dort Gastgeber von Herkules, der erschöpft in Italien Station gemacht haben soll, nachdem er die Rinderherde

---

Ein LECTISTERNIUM war eine öffenlich Bewirtung von Gottheiten:

Auf einem städtischen Platz, der für diese Zeit als Kultstätte galt, wurden Speisesofas (LECTA) aufgestellt und darauf Statuen der Staatsgötter paarweise platziert. Über mehrere Tage wurden Opferspeisen auf den Speisetischen davor dargebracht.

Dieses große Ritual wurde bei schlimmen Bedrohungen der Stadt durchgeführt. Daneben gab es auch die Bewirtung einzelner Götter zu ihren Festtagen und öffentliche Bewirtungen von weiblichen Gottheiten, SELLISTERNIA. (Livius)

Carmenta war angeblich die römische Göttin für Geburtshilfe und Propheziehung. Obwohl sonst von ihr nichts bekannt ist, war für sie ein Flamen, Staatspriester, bestellt.

Karte des Peloponnes im Altertum mit Pallantium, mythischem Heimatort Euanders

Geryons erobert hatte. Euander verkörpert in dieser Mythe den „Guten", der Herkules die vom Vulkanussohn Cacus gestohlenen Rinder zurückbringt. Im Anschluss soll Euander an der Stelle des späteren FORUM BOARIUM den Herkules-Tempel ARA MAXIMA errichtet haben. Obwohl Euanders Sohn im Krieg gefallen sein soll, bevor er selbst Kinder hatte, führte die römische GENS FABIA ihre Herkunft auf ihn zurück.

Diese Geschichte ist wie viele andere ein Versuch, die aufstrebende Stadt Rom als griechisch beeinflusst zu erklären. Das lässt sich aus der ganz unrömischen Darstellung von Merkur als Familienvater schließen. Möglicherweise wurden aber auch Volkserzählungen verarbeitet, die tatsächlich italischen Ursprungs waren. Obwohl in der späteren römischen Literatur der griechische Gott Hermes als Pendant zu Merkur dargestellt wird, kommt er hier nicht vor.

Als römischer Gott hat Merkur sowieso wenig mit Hermes zu tun: Da die römische Religion kein Totenreich kannte, fiel dessen Bedeutung als Führer der Seelen ins Jenseits (Psychopompos) völlig aus. Auch die Funktion als Götterbote war in der römischen Auffassung völlig überflüssig, schließlich machten die Götter allgegenwärtig in den verschiedenen Omina ihren Willen kund, den die Auguren dann deuteten.

Stattdessen stand in Rom und seinen Provinzen Merkurs Zuständigkeit für Handel und Händler im Mittelpunkt, ein Bereich, der bei Hermes eine sehr untergeordnete Rolle spielt. Einzig der Hang zur Unehrlichkeit (s. u.) scheint beiden gemeinsam zu sein.

Nachdem außer einer Dichtung keine mythologischen Wurzeln für Merkur zu finden sind, soll versucht werden, in der tatsächlichen Praxis des Merkurkultes Spuren seiner Göttlichkeit zu finden.

Ritus

MERCURIUS gehörte zu den Staatsgöttern, den DII CONSENTES, aber er hatte keinen amtlichen Oberpriester (Flamen), sondern das MERCATORUM COLLEGIUM richtete sein Ritual am 15. Mai aus. Neben dem Merkur opferte man auch der Maia, einer altitalischen Fruchtbarkeitsgöttin (BONA DEA) und Namensgeberin des Monats Mai. Die Feier war nicht auf Rom beschränkt, für MERCURIUS und MAIA sind bereits vor deren Einführung in Rom Maifeste in Latium gefeiert worden.

Das Opfertier des Merkur ist besonders der Bock. Auch das Opfer eines Kalbes und Schweines sind nachgewiesen. Als Trankopfer diente für gewöhnlich Wein, dies charakterisiert einen Kult, der nicht in einem Hirtenvolk verankert war, denn diese opferten Milch.

Die Anbindung der Getreidebörse an den Merkurtempel wird durch die Opferung von Ährenbündeln symbolisiert.

Rituale aus der Zeit der Hirtenvölker haben gewöhnlich Milch als Trankopfer. Erst nachdem durch Etrusker und sizilische Griechen der Weinbau nach Latium gekommen war, wurde Wein verwendet.

Weihealtar für Merkur mit einem Ziegenbock als Opfertier.

Ein besonderes Ritual in Rom wird von Ovid (43 v. Chr. – vermutlich 17 n. Chr.) im Band 5 (Mai) seiner FASTI genannten Feiertagsgedichte beschrieben:

Wo diese Quelle genau war, ist nicht mehr festzustellen, allerdings gab es zur Kaiserzeit an der Porta Capena Merkurthermen; möglicherweise wurden sie an dieser Stelle gebaut.	673	EST AQUA MERCURII PORTAE VICINA CAPENAE;	Es gibt eine Quelle des Merkur bei der Porta Capena;
		SI IUVAT EXPERTIS CREDERE, NUMEN HABET.	Wenn Erfahrenen geglaubt wird, hat sie göttliche Kraft.
	675	HUC VENIT INCINCTUS TUNICA MERCATOR ET URNA PURUS SUFFITA, QUAM FERAT, HAURIT AQUAM.	Hierher kommt in gegürteter Tunica der Händler und schöpft in den reinigend ausgeräucherten Krug Wasser.
		UDA FIT HINC LAURUS, LAURO SPARGUNTUR AB UDA	Nass macht dieses den Lorbeerzweig, vom Lorbeer besprengt wird nass,
		OMNIA, QUAE DOMINOS SUNT HABITURA NOVOS;	alles, was neue Herren haben soll;
		SPARGIT ET IPSE SUOS LAURO RORANTE CAPILLOS	er besprengt auch mit triefendem Lorbeer die eigenen Haare
	680	ET PERAGIT SOLITA FALLERE VOCE PRECES	und formuliert mit üblicherweise täuschender Stimme sein Gebet:
		"ABLUE PRAETERITI PERIURIA TEMPORIS," INQUIT	„Wasch ab die Meineide der Vergangenheit", sagt er,
		"ABLUE PRAETERITAE PERFIDA VERBA DIE.	„wasch ab die treulosen Worte am vergangenen Tag!
		SIVE EGO TE FECI TESTEM FALSOVE CITAVI	Falls ich dich fälschlich zum Zeugen gerufen,
		NON AUDITURI NUMINA MAGNA IOVIS,	die göttliche Macht Jupiters nicht hörend,
	685	SIVE DEUM PRUDENS ALIUM DIVAMVE FEFELLI,	Falls ich wissentlich einen anderen Gott oder eine Göttin getäuscht,
		ABSTULERINT CELERES IMPROBA VERBA NOTI,	mögen Südwinde die Spuren der unredlichen Worte forttragen.
		ET PATEANT VENIENTE DIE PERIURIA NOBIS,	Und mit dem kommenden Tag seien unsere Meineide erlaubt,
		NEC CURENT SUPERI SI QUA LOCUTUS ERO.	noch mögen sich die Himmlischen kümmern, falls solche von mir kommen.
		DA MODO LUCRA MIHI, DA FACTO GAUDIA LUCRO,	Gib mir Gewinnfähigkeit, gib mir Freude über den gemachten Gewinn

690 ET FAC, UT EMPTORI VERBA DEDISSE IUVET." TALIA MERCURIUS POSCENTEM RIDET AB ALTO, SE MEMOR ORTYGIAS SURRIPUISSE BOVES.	und mach, dass den Käufer zu betrügen sich gelohnt hat!" Über einen, der um solche Dinge bittet, lächelt Merkur vom hohen Himmel herab und erinnert sich, die ortygischen Rinder heimlich gestohlen zu haben.

Es ist zweifelhaft, wie weit dieser Text einen tatsächlichen Kult darstellt. Das Gedicht kann ebenso gut ein Produkt von Ovids Dichtkunst sein. In dem um die Zeitenwende geschriebenen Text wird der römische MERCURIUS mit dem griechischen Hermes gleichgesetzt, was zwar dem literarischen, nicht aber dem religiösen Brauch entsprach. Die wichtigsten Kultgegenstände aus dieser Zeit, die erhaltenen Votivsteine aus dieser Zeit zeigen keinerlei Bezug zu Hermes.

Zum Inhalt ist zu sagen, dass sich hier durchaus die Überheblichkeit des Patriziers Ovid gegenüber den Händlern niederschlägt; hinzu kommt, dass nur die patrizischen Kaufleute sich Sklaven als Mittelsmänner leisten konnten (und damit vor persönlicher Verfolgung bei Betrug sicher waren), während gerade die kleinen Händler ihre Geschäfte persönlich tätigen mussten und sich dadurch sehr viel weniger Betrügereien leisten konnten. Ovids illustriert hier die Vorurteile eines Patriziers, der von seinem Landgut lebt und edlen Künsten nachgeht, gegenüber dem plebejischen Händler, der Tag für Tag für das Einkommen arbeiten muss. Nicht zu vergessen, spielt natürlich auch Neid mit, denn häufig waren Händler reicher als angestammte Patrizierfamilien.

Es ist gut möglich, dass Ovid in dem angeblichen Gebet keinen Originaltext zitiert, sondern eine eigene Dichtung an dieser Stelle eingefügt hat.

Gerade zu römischen Zeiten konnten sich Händler allzu grobe Betrügereien gar nicht leisten, die sich schnell herumgesprochen hätten. In alten Zeiten, als die Menschen auf die Angebote reisender Händler angewiesen waren, die auf regelmäßigen Verkaufstouren immer die gleichen Dörfer und Städte besuchten, war offener Betrug lebensgefährlich. Die Menschen schreckten nicht vor tätlichen

Merkur-Relief einer Silbervase
Im Gegensatz zu Hermes trägt er den Botenstab links, aber einen Geldbeutel rechts

„Wie es eigentlich üblich war bei den Römern, kam unmittelbar, nachdem die ersten Niederlassungen errichtet waren, der Handel nach. Zunächst war er wahrscheinlich in Form der notwendigen Nahrungsversorgung organisiert, dann wurden alltägliche Gebrauchsgegenstände geliefert, am Ende die Luxusgüter, auf die römische Offiziere großen Wert legten." (GardenStone, Die Rückkehr der Göttin Nehalennia, S. 175).

Übergriffen zurück, wenn sie grob getäuscht worden waren. Ein römischer Händler sowohl in der Stadt selbst als auch in den Provinzen war auf seinen guten Ruf angewiesen, und den konnte er nur bewahren, wenn er nicht über das übliche Maß hinaus „geschäftstüchtig" war. Frecher Diebstahl einer ganzen Rinderherde, wie er dem griechischen Hermes zugeschrieben wird, gehört sicher nicht dazu.

Dies galt umso mehr in den Provinzen, wo einzelne reisende Händler häufig immer die gleichen Routen bedienten. Ein Betrug hätte in diesem Fall leicht tödliche Folgen haben können.

Merkurkult in den Provinzen

Händler spielten bei der Romanisierung der eroberten Gebiete eine wichtige Rolle. Soweit sie römische Bürger waren, durften sie ihre Waren auf dem vom Militär angelegten und gepflegten Straßennetz transportieren. Sie konnten eine Erlaubnis für die Nutzung von Wechselstationen und Herbergen erwerben. In Konfliktfällen waren sie berechtigt die Armee um Hilfe anzugehen. Wenn sie römische Bürger waren, durften sie sich auf römisches Recht gegenüber den Einheimischen berufen. Deshalb war gerade in den Provinzen der Erwerb des römischen Bürgerrechts sehr begehrt.

Da die Armee in ihrer Nachschuborganisation von den Händlern abhängig war, hatten die Händler und ihre Gilden in den Provinzen noch größere Bedeutung als in der Stadt Rom selbst. In GardenStones hier zitiertem Buch sind diese Zusammenhänge anschaulich und ausführlich vor allem am Fernhandel mit Britannien dargestellt.

Die Händler brachten natürlich ihren Handelsgott MERCURIUS mit. Aber im Sinn der auf S. 8 dargestellten INTERPRETATIO ROMANA identifizierten sie ihn mit den Göttern, die von ihren Geschäftspartnern angerufen wurden. Auf diese Weise versicherten sie sich der Gunst auch dieser „Höheren Mächte" in der üblichen Weise, durch einen Altarstein.

Im Bereich der Provinzen wurden die meisten der erhaltenen Weihesteine gefunden. Diese dokumentieren zu Hunderten das wohl übliche religiöse „Geschäft": Der zuständigen Gottheit wurde versprochen, einen Votivaltar zu stiften, wenn ein bestimmter Handel oder eine Handelsreise mit Gewinn abgeschlossen werde. Aus Sicherheitsgründen wurde in den Provinzen die zuständige örtliche Gottheit mitbedacht.

Trat der Erfolg ein, wurde der Stein mit einem entsprechenden Dedikationstext in Auftrag gegeben. Die Endformel, an der diese Votivsteine erkennbar sind, lautet

V. S. L. M.
Votum solvit liber merito
(hat das Gelübde gern und nach Gebühr eingelöst)

oder eine ähnliche Formulierung gleicher Bedeutung.

Marginal note: „Geschäftsleute mit gleichen Berufen oder aus der gleichen Stadt scheinen sich oft zu einer Gilde (COLLEGIUM oder CORPUS) zusammengeschlossen zu haben. Dies ist z. B. von Händlern (NEGOTIATORES CIVITATIS MATTIACORUM) aus Wiesbaden bekannt, sie hatten auch ihr eigenes Gildehaus (SCOLA). Angenommen wird, dass in jeder Stadt des römischen Rheinlands ähnliche Gilden bestanden, entweder berufs- oder stadtgebunden." (GardenStone, Nehalennia, S. 167).

Auf den Steinen, die in den Provinzen gefunden wurden, wird der römische MERCURIUS häufig zusammen mit seinem einheimischen Pendant genannt. Hier einige Beispiele:

NAME	FUNDORT	ERLÄUTERUNG
M. SUSURRIO	Aachen	keltisch oder keltisch-germanisch
M. TOUTENUS?	Bingen	keltisch
M. VASSOCALE(TI)S	Bitburg	wahrscheinlich keltisch
M. GEBRINIUS	Bonn	keltisch oder gallo-germanisch
M. CHANNINIUS	Rohr (D), Blankenheim (NL)	germanischer Stammesgott der Cananefaten
M. LEUD(ISIO) oder LEDUDISIANUS	Eschweiler-Lohn	-
M. VISUCIUS	Esthal, Tholey-Wareswald	gallo-römisch
M. CISSONIUS	Heddernheim, Rheinzabern	Ursprünglich gallisch oder von germanischen Nachbarstämmen.
M. HRANNO	Bonn-Hemmerich	germanisch, suebisch?
M. ABGATIACUS?	Kleinich	gallisch oder gallo-römisch.
M. ARVENORIX	Würzburg	keltisch-germanisch
M. AVERNUS	Köln, Krefeld und andere Orte	wahrscheinlich keltisch oder dem Keltischen entlehnt, Fundorte alle in Gebieten germanischer Stämme, deshalb möglicherweise doch ein germanischer Gott.
M. CIMBRIANUS M. CIMBRIUS	Mainz, Heidelberg	suebisch?
M. ALAUNUS	Mannheim	Ostgermanisch oder mediterran
M. BIGENTIUS	Neumagen	wahrscheinlich gallo-germanisch
M. LOVANTUCARIS	Tholey-Wareswald	-

Händler erfuhren bei ihren Kontakten in der Regel nur von denjenigen Gottheiten ihrer Handelspartner, die diese im Zusammenhang mit den Geschäften anriefen. Gleichzeitig dienten sie für Schriftsteller wie Tacitus als Informationsquelle über ferne Länder, die diese selbst nie bereist hatten. So werden viele Fehlinformationen verständlich.

NAME	FUNDORT	ERLÄUTERUNG
M. Excingiorigiatis	-	keltisch
M. Gebrinius	Bonn	gallisch, später gallo-germanisch.
M. Nundinator	Wiesbaden	gallisch, gallo-germanisch oder nur Merkur selber (Als Beschützer).
M. Matutinus	Saarbrücken	römisch
M. Seno(tensis?)	-	gallisch oder gallo-germanisch.
M. Eriausius oder Friavsius?	Ubbergen (NL)	germanisch.

(Aus: GardenStone, Der Merkur-Wodan-Komplex, S.13ff, gekürzt)

Weihestein für
MERCURIUS AVERNUS

Berichte reisender Händler haben wahrscheinlich Tacitus zu der Bemerkung veranlasst, Merkur sei der höchste Gott der Germanen. In seiner „Germania" genannten Schrift heißt es im 9. Abschnitt:

DEORUM MAXIME MERCURIUM COLUNT, CUI CERTIS DIEBUS HUMANIS QUOQUE HOSTIIS LITARE FAS HABENT.

Übersetzt:
Von den Göttern verehren sie Merkur am meisten, dem sie an bestimmten Tagen auch Menschenopfer darzubringen für Recht halten …" (mehr dazu in GardenStone: Der Merkur-Wodan-Komplex).

Der astrologische Merkur

Merkur ist uns als Name des innersten Planeten unseres Sonnensystem selbstverständlich. Gleichzeitig wird mit Merkur das astrologische Symbol bezeichnet, dessen Zustände an den astronomischen Bahndaten des Himmelskörpers ablesbar sind. Die Betrachtung des Symbols erfolgt bei den unterschiedlichen Richtungen der Astrologie aus unterschiedlichen Perspektiven. Je nachdem, ob das Anliegen eher auf seelischen Vorgänge, Charakterbeschreibungen oder die Ermittlung von Ereignissen gerichtet ist, werden andere Aspekte des Merkur-Symbols in den Vordergrund gestellt. Deshalb kann die folgende Beschreibung nicht in jeder Hinsicht vollständig sein - enthält doch das „Handbuch der astrologischen Zuordnungen" mehr als 2200 Stichworte zum Planetensymbol.

Bezeichnet wird Merkur mit der Glyphe ☿. Nach den Erläuterungen von Gertrud Hürlimann soll der obere liegende Halbkreis die Seele (als stilisierter Mond), der mittlere Kreis den Geist (als stilisierte Sonne) und das Kreuz die Materie (Signum für den Planeten Erde) verkörpern. Dieses formelhafte Piktogramm Merkurs enthält demnach die Symbole für alle drei Bestandteile einer Persönlichkeit und verheißt damit eine mögliche Integration von Geist, Seele und Materie. Die Seele befindet sich an höchster Stelle, über dem Geist und der Materie als Basis, aber die Verwurzelung im Materiellen wird gleichfalls deutlich.

In der modernen westlichen Astrologie symbolisiert Merkur das aktive Denken und Handeln. Er ist damit einer der Botschafter des Wesenskerns, der sich selbst nicht artikulieren kann. Ohne dass es uns bewusst ist, senden wird im Reden und Handeln Informationen über unser wirkliches Wesen aus und genauso automatisch nehmen wir solche Informationen von allen Menschen auf, mit denen wir es zu tun haben.

Einen Zugang zur Bedeutung des Merkursymbols bietet die deutsche Sprache selbst: Das Wort „Handeln" hat die Doppelbedeutung von „kaufen und verkaufen" und „etwas aktiv tun".

Unter einem Merkur-Kupferstich:

MERCURIUS FILIOS FACIT INTELLIGENTES, SAGACES, AEMULATORES, BENEFICOS, MATHEMATICOS, VOTI COMPOTES, CONIECTORE(S), CORPORE GRACILES, PALLENTES, OCULORUM INTUITU HONESTOS, ET POTUS TEMPERANTIA MIRABILES.

Übersetzung:

Merkur macht seine Söhne verständig, gewitzt, zu Nacheiferern, Wohltätern, Mathematikern, (zu Leuten,) die das Ziel ihrer Wünsche erreichen, zu Traumdeutern, zu schlank gebauten, blassen, dem Augenschein nach ehrenhaften und im Trinken erstaunlich enthaltsamen (Menschen).
Harmen Jansz Muller nach Maarten van Heemskerck (ca. 1550)

Merkurs Position im Horoskop zeigt demnach, auf welche Art und Weise wir mit unserer Umwelt interagieren. Konkret steht das astrologische Merkursymbol für

- das Sprechen lernen in früher Kindheit,
- Lesen und Schreiben bis hin zu schriftstellerischer Tätigkeit,
- Gedankenaustausch und Diskussion und die dazu notwendigen intellektuellen Fähigkeiten
- Interesse an Wissen allgemein.

Auf diese Weise zeigt sich das Wesen eines Menschen.

> Durch Denken, Reden und Handeln wird das innerste Wesen eines Menschen erkennbar.

Besonders gutes Gelingen der „Botschaftertätigkeit" des Merkur wird angezeigt, wenn er im gleichen Tierkreiszeichen steht wie die Sonne, die ja den Wesenkern symbolisiert. Steht Merkur im Nachbarzeichen, so agieren die Sonne und ihr Botschafter auf unterschiedliche Art und Weise und die betroffenen Menschen erleben regelmäßig, dass das, was sie sagen oder tun, nicht wie beabsichtigt in ihrer Umgebung ankommt.

Das Merkursymbol beinhaltet aber keine einseitige vermittelnde Rolle, auch die Fähigkeit, Erfahrungen Anderer aufzunehmen und ins eigene Handeln einzubeziehen, wird angezeigt. Astronomisch ist das vom Planeten Merkur reflektierte Licht so schwach, dass er im Teleskop zu verschwinden scheint, wenn er näher als 8 Bogengrade an die Sonne herankommt. Diese Stellung heißt von alters her „verbrannt". Menschen mit dieser Konstellation im Horoskop sind häufig nicht in der Lage, fremde Erfahrungen zu integrieren. Sie müssen auch auf die Gefahr des Scheiterns hin alles selbst ausprobieren. Gerade in dieser negativen Form zeigt sich besonders deutlich, welche Fähigkeiten durch das Merkursymbol ausgedrückt werden.

Eine weitere besondere Stellung nennt sich „Cazimi", der arabische Ausdruck bedeutet „im Herzen der Sonne" und wird verwendet, wenn ein Planet nicht mehr als 17 Bogenminuten von der Sonne entfernt zu sehen wäre, wenn nicht die Sonne alles überstrahlte. Bei Merkur lässt sich diese Stellung als besonders positiv deuten.

> „Ein Vergleich, um Cazimi von der Verbrennung unterscheiden zu können: Besucht ein Gast oder Bittsteller den Hof des Königs (Sonne), so wird er sich stark unterordnen müssen, und viele Gesten der Bescheidenheit ausführen müssen. Er kann nicht mehr so agieren, wie er möchte, sondern muss sich unterordnen, ja verstecken. Lediglich wenn der Gast vom König selbst Audienz erhält, und dann direkt bei ihm im Thronsaal, beim

Thron ist, dann wird seine Stellung plötzlich großartig gestärkt, und der König gewährt ihm seine Bitte oder Wünsche. Diese Stellung verschafft Privilegien und Vorteile, ja bisweilen sogar Wohlstand." (http://wiki.astro.com/astrowiki/de/Cazimi)

Ein zentrales Gebiet, für das das astrologische Symbol Merkur steht, besteht im Austausch nicht nur von Worten, sondern auch von Dingen, Gütern, Waren. Das Wort „handeln" wird nicht nur im Sinn von agieren verwendet, sondern bezeichnet auch die Tätigkeit des Verkaufens, den Handel. Für alle Arten von merkantiler Tätigkeiten und Kaufverträgen ist die Position des Merkur wichtig, und zwar nicht diejenige in einem Geburtshoroskop, sondern die aktuelle im Moment des Vertragsabschlusses (mundan). Dabei beachten astrologisch versierte Kaufleute nicht nur starke oder schwache Stellungen, sondern ganz besonders die sogenannte Rückläufigkeit.

Die Umlaufzeit der Erde um die Sonne beträgt ein Jahr, diejenige des Merkur aber nur 88 Tage. Betrachtet man Merkur täglich durch ein Teleskop, so scheint er zeitweise rückwärts zu laufen. Diese optische Erscheinung entsteht durch die unterschiedlichen Umlaufzeiten und heißt von alters her **Rückläufigkeit**. Das Phänomen ist im Prinzip bei allen Planeten zu beobachten, wegen der großen Differenz in der Umlaufzeit bei Merkur aber besonders augenfällig.

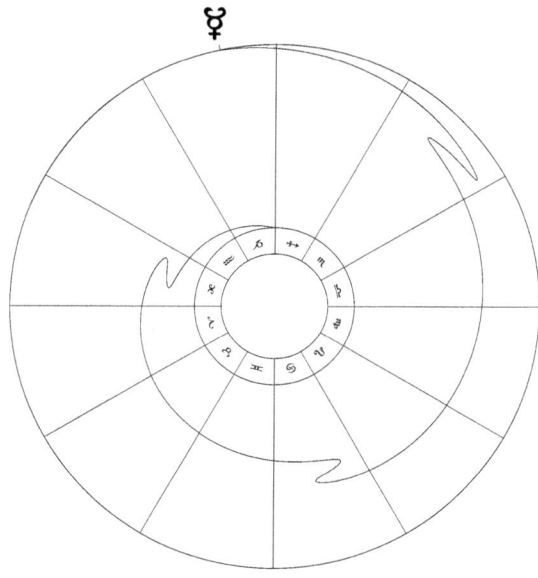

Die Bahn des Merkur im Tierkreis 2013
deutlich sichtbar die scheinbaren Rückwärtsbewegungen.
(erstellt mit Astroplus)

In Zeiten der Rückläufigkeit Merkurs sollten möglichst keine neuen Verträge abgeschlossen werden, da ihre Erfüllung sich oft schwierig gestaltet.

Auch für den Start von Unternehmungen ist ein solcher Zeitabschnitt nicht günstig. Es handelt sich eher um eine Zeit, in der eher bereits Begonnenes zu einem guten Ende gebracht werden kann. Gerade schwierige angefangene, aber liegengebliebene Geschäftstätigkeiten können jetzt mit Aussicht auf Erfolg wieder aufgenommen und zum Abschluss gebracht werden. Die Konsolidierung bestehender Geschäfte sind besonders begünstigt.

Als Ende der Rückläufigkeit gilt nicht der Zeitpunkt, wenn Merkur optisch wieder vorwärts läuft, sondern wenn er wieder an dem Punkt ist, wo er in die scheinbare Rückläufigkeit eingetreten war.

Diese Regeln werden vielfach beachtet; der Astrologe M. M. Herm, der lange in den USA gelebt hatte, berichtete, dass es dort seit Jahrzehnten Taschenkalender für Kaufleute und Bänker gebe, in denen die Rückläufigkeitsdaten des Merkur eingetragen seien. Auch der Astrologie-Versandhandel **astronova** stellt für seine Kunden jährlich eine Rückläufigkeitsübersicht des Merkur bereit.

Zusammenfassung

Betrachtet man das Planetensymbol Merkur, wie es in der modernen westlichen Astrologie gesehen wird, so findet man als Schwerpunkte die sprachliche Kommunikation, die in der Mythologie vom Merkurssohn Euander vermittelt wurde, und alle Arten kaufmännischer Tätigkeiten, die zu der Einflussphäre des römischen MERCURIUS gehörten.

Das besondere Aufgabengebiet des griechischen Hermes als Götterbote kommt nicht vor, da die römischen Götter zu jeder Zeit als allgegenwärtig gedacht waren. Einen besonderen Boten hatten sie nicht nötig, denn sie waren in jedem ihrer Tempel gegenwärtig. Die Rolle des Führers in die Jenseitswelt wird heuzutage, wenn überhaupt, Neptun und Pluto zugeschrieben. Die Heilkunst findet man eher bei Chiron. Der griechische Hermes ist also im Planetensymbol Merkur eigentlich nicht mehr vorhanden.

Zur Frage des Betrügens, Stehlens und Täuschens kann man sich die generelle Haltung zu eigen machen, dass Kaufleute grundsätzlich auf den eigenen Vorteil aus sind und dabei durchaus Schliche und Täuschung nicht verabscheuen. Der Wunsch nach Erzielung von Gewinn ist aber nicht ein Charakterfehler, sondern notwendig zum Erhalt des Geschäfts, das ja auch eine wichtige Funktionen in der Versorgung der Menschen mit den Gütern des täglichen Bedarfs hat. Größere Betrügereien gehören allerdings nicht zur Sphäre Merkurs.

So steht in der heutigen Astrologie nur geringfügige Dieberei unter dem Signum Merkurs, Raub untersteht Mars und alle Arten von Täuschung und

Betrug Neptun. Auch hier hat sich also eine Bedeutungsverschiebung in Richtung der römischen Auffassungen ergeben.

Insgesamt kann man also feststellen, dass sich im Symbol Merkur in der heutigen westlichen Astrologie weitgehend Inhalte widerspiegeln, die der römischen Überlieferung zu MERCURIUS entsprechen.

Allegorische Merkur-Figur
auf der
Puppenbrücke in Lübeck
aus dem 18. Jhd.

Einige Zuordnungen zum Planetensymbol Merkur als Facettenmodell

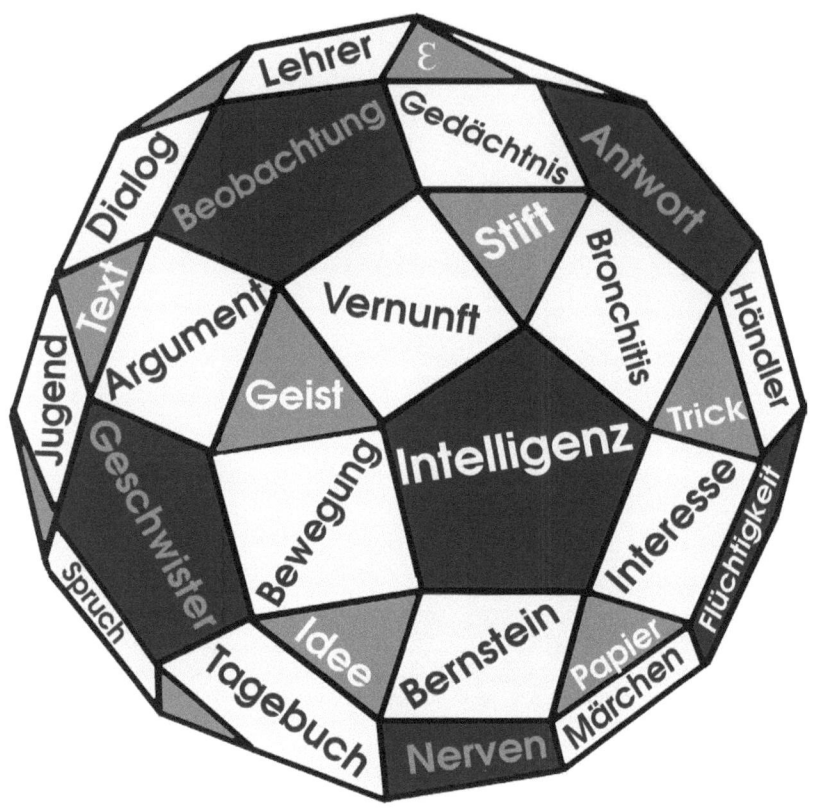

Außer den im Text genannten Werken fußt dieser Abschnitt schwerpunktmäßig auf folgender Literatur, mit deren Hilfe man sich weitergehend informieren kann:

Albrecht, Michael von (Übers. u. Hrsg.), Ovid Metamorphosen, Lateinisch/Deutsch, Reclams Universal-Bibliothek Nr. 1360.

Hürlimann, Gertrud I., Astrologie, Zürich 1987.

Muth, Robert, Einführung in die griechische und römische Religion, 2. Auflage, Darmstadt 1998.

Venus

Vorgeschichte

Der zweite Planet unseres Sonnensystems machte es den frühen Beobachtern zunächst schwer: Er taucht bei Himmelsbeobachtungen sowohl als Morgen- als auch als Abendstern auf. Nicht zu allen Zeiten und überall war klar, dass es sich um den gleichen Himmelskörper handelt.

Ishtar-Relief
2. Jahrtausend v. Chr.

Die Sumerer erkannten beide Erscheinungsformen als denselben Planeten, was aus den Venus-Tafeln des Ammi-saduqa, dem ältesten erhaltenen und bekannten Schriftdokument zur Planetenbeobachtung hervorgeht. Genannt wurde er Dîbalt und seine Herrscherin war Inanna (Ishtar Ishhara, Irnini), Stadtgöttin von Uruk. Sie fungierte als Liebesgöttin, aber auch als Kriegerin, ihr heiliges Tier war der Löwe. Das Ishtar-Tor aus Babylon (Pergamon-Museum Berlin) lässt darauf schließen, dass diese Göttin auch für die Hauptstadt eine wichtige Rolle spielte.

Als Verkörperung weiblicher Sexualität, wie sie schon in einigen Keilschriftdokumenten beschrieben wird, wurde sie in der Folgezeit mit unterschiedlichen Namen rund um das Mittelmeer verehrt.

In der Dichtung und teilweise in unterschiedlichen mythologischen Betrachtungen wurde am Unterschied von Morgen- und Abendstern festgehalten.

Die getrennte Betrachtung geht sogar bis in die astrologische Literatur des 20. Jahrhunderts (s. u.).

Die Hieroglyphen für den Planeten Venus, oben der Abendstern mit der Nachtbarke, unten der Morgenstern

Die Ägypter sahen in Morgen- und Abendstern zwei Himmelskörper. Sie wurden als männlich assoziiert, der Abendstern als "Himmelsüberquerer", der Morgenstern als „Morgengott".

Auch die griechischen Astronomen unterschieden zunächst den Morgenstern mit dem Namen Phosphoros (Lichtbringer), Eosphoros (Bringer der Morgendämmerung) oder Proinos (der Frühmorgendliche) vom Abendstern Hesperos (nach dem Titan Hesperos). Nach Plinius soll Pythagoras jedoch wieder entdeckt haben, dass es sich um denselben Planeten handelt.

Im Rahmen des beschriebenen Kulturaustausches zwischen Griechen, Ägyptern und Babyloniern, der zur Beschäftigung griechischer Philosophen mit der Astrologie führte, wurde die Liebesgöttin des vorderen Orients mit der griechischen Aphrodite identifiziert. Ihre sumerische Funktion als Kriegerin wurde nicht mehr berücksichtigt.

Bei der Übertragung der Planetensymbole auf römische Gottheiten wurde die Göttin Venus gewählt.

Auffällig ist, dass die für diesen Planeten zuständige Gottheit in allen antiken Pantheons eine Außenseiterposition einnimmt; ihre Integration wird jeweils auf unterschiedliche Art und Weise versucht.

- In Mesopotamien war sie aus dem mythischen Aratta zugewandert und galt als Tochter des Himmelsgottes An oder als Tochter des Mondgottes Nanna und der Mondgöttin Ningal.
- In Ägypten wird der Planet zwei ansonsten in der Mythologie nicht verankerten Göttern zugeordnet.
- Aphrodite in Griechenland erscheint im Zeitalter der olympischen Götter in Zypern und wird von diesen als gleichberechtigt aufgenommen. Hier gibt es mehrere Umdeutungsversuche in Richtung einer Einbeziehung in die Götterfamilie.

Auch die römische Venus ist eine Fremde, wie im Folgenden dargestellt werden soll.

VENUS als römische Göttin

Es ist unklar, woher der Name Venus kommt. Sowohl Herleitungen aus einem indo-europäischen Wortstamm *u̯en-(1), *u̯enə-, der „streben, wünschen, lieben, erreichen, gewinnen, siegen" bedeutet, als auch Verbindungen zu den linguistischen Wurzeln von „Wein" (lat. VINUM) und „Gift" (lat. VENENUM) sind in der Literatur zu finden. Insbesondere bei den Autoren des 19. Jahrhunderts weckte die Verbindung der Göttin zur (sexuellen) Lust eher ambivalente Gefühle mit entsprechenden Deutungsversuchen. Eine entsprechende weibliche Gottheit wurde in Lavinium als VENUS FRUTIS in einem FRUTINAL genannten Tempel verehrt.

Jupiter und Venus wurde der erste Wein geopfert. Cato berichtet in seinen Origines, dass der etruskische König Mezentius von Caere die unterworfenen Latiner dadurch gedemütigt habe, dass dieser die Erstlinge von Feld und Weinberg für sich beanspruchte (ca. 6. Jahrhundert v. Chr.).

In Rom hat sich Venus als Gottheit relativ spät etabliert, erst 293 v.Chr. wurde ihr ein Tempel auf dem Esquilin erbaut, und zwar im wesentlichen aus politischen Gründen. Nachdem die Römer die Samniten 290 v. Chr. besiegt hatten, wollten sie nicht nur ein Denkmal ihres Sieges errichten, sondern auch ihre regionale Vorherrschaft demonstrieren. VENUS CAELESTIS und IUPPITER waren die höchsten Gottheiten des latinischen Städtebundes, dem Rom angehörte. Mit der Errichtung dieses Tempels wurden die Venus-Heiligtümer in den latinischen Städten Ardea und Lavinium zweitrangig und Roms zentrale Bedeutung für das Gebiet demonstriert. Dass dies kein religiöser Akt war, wird von den Tatsachen unterstrichen, dass der Tempelbau nicht vom Staat, sondern aus den Bußgeldern ungetreuer Ehefrauen bestritten und auch kein Staatspriester (FLAMEN) bestellt wurde.

Der Kultstein in diesem Tempel war mit VENUS FELIX beschriftet. Der weitere Beiname OBSEQUENS (willfährig) geht darauf zurück, dass angenommen wurde, der Sieg über die Samniten sei ihre Gegenleistung für die Selbstopferung des Heerführers, des Konsuls PUBLIUS DECIUS MUS, gewesen. Sie hatte sich quasi dem Willen der Römer unterworfen.

Nach der verheerenden Niederlage am Trasimenischen See 217 v. Chr. wurden die Sybillinischen Bücher befragt. Das Orakel empfahl, den Karthagern (Phöniziern) ihre Hauptgöttin Tanit wegzunehmen und sie von ihrem Heiligtum auf Sizilien nach Rom zu überführen. Die Römer folgten dem Spruch, besetzten das Heiligtum am Berg Eryx und platzierten das dort verehrte Göttinnenbild als VENUS ERYCINA im Tempel der VENUS VERTICORDIA auf dem Kapitol.

Die „Wegnahme" feindlicher Gottheiten nicht nur in Form Ihrer Kultbilder, um sich dadurch im Krieg einen Vorteil zu sichern, war eine Methode, die Rom bereits erfolgreich in verschiedenen kleineren Kriegen angewendet hatte. Livius berichtet z. B. dass der Stadtgöttin von Veii während des Kampfes um diese Stadt ein Tempel in Rom gelobt worden sei, den sie nach dem Sieg der Römer unter Camillus auch erhielt.

Venus (welche auch immer) war zu dieser Zeit bereits in den Kreis der zwölf Staatsgötter aufgenommen und ihr Standbild wurde beim rituellen Göttermahl (LECTISTERNIUM) neben das von Mars gesetzt. Dieser Schritt in Richtung der Einführung eines institutionalisierten Venuskultes kann gleichfalls politisch gesehen werden: Er galt der Gewinnung eines göttlichen Segens bei der Verteidigung gegen die Karthager unter Hannibal, die am Ende erst 201 v. Chr. gelang.

Die Sybillinischen Bücher waren eine Sammlung von Orakelsprüchen in griechischen Hexametern, die von einer Wahrsagerin aus der Gegend von Neapel (Sybille von Cumae) stammen sollen. In Zeiten von Bedrängnis wurden sie von speziell dafür ernannten Würdenträgern befragt, welche religiösen Maßnahmen nötig seien, um die Götter zu versöhnen und das Unglück abzuwenden. Veröffentlicht wurde nur die Deutung, der zugrunde liegende Spruch blieb geheim; somit hatten die Deuter durchaus freie Hand für eigene Vorstellungen.

Zwölf-Götter-Altar
(Zweck unbekannt, möglicherweise Brunnenstein oder Tierkreisaltar)
Mamor, gefunden in Gabii (Italien), 1. Jhd. n. Chr.

Gnaeus **Naevius** (um 265 – um 201 v. Chr.) schrieb Kommödien und Tragödien in griechischem Stil mit national-römischen Stoffen. Im Epos BELLUM PUNICUM wird der römische Mythos vom Auszug der Aeneaden aus Troia bis zur Gründung Roms eingefügt. (Bücher 1 und 2).

Quintus **Ennius** (*239 – 169 v. Chr.) war ein Schriftsteller, dessen Hauptbedeutung in der Übertragung griechischer Literatur ins Lateinische bestand. Seine ANNALES, sind ein episches Gedicht in 18 Büchern, das die römische Geschichte vom Fall Trojas bis zum Jahr 184 v. Chr. abdeckt. Sie wurden die Hauptquelle für Vergils Aenaeis.

Beide Schriftsteller übersetzten den Namen Aphrodite mit Venus.

Im 1. vorchristlichen Jahrhundert erschienen mehrere Werke, die den mythischen Ursprung Roms darstellten. Die wichtigsten:

Publius **Vergil**ius Maro (70–19 v. Chr.)
AENAEIS

Dionysios von Halikarnassos (54 v. Chr.–8 n. Chr.)
ANTIQUITATES

Titus Livius (59 v. Chr.–17 n. Chr.)
AB URBE CONDITA

Die Übernahme des griechisch-phönizischen Kultes von Sizilien war aber nicht in seiner ursprünglichen Form möglich. Da er an seinem Stammplatz am Berg Eryx mit Tempelprostitution einherging, dies aber auf dem „anständigen" Kapitol unmöglich gewesen wäre, wurde 184 v. Chr. ein weiterer Tempel der VENUS SALACIA außerhalb der Stadt, vor der Porta Collina, geweiht. Dieser wurde zum Heiligtum „gefallener Mädchen" und registrierter Prostituierter.

Auch der dritte Schritte Schritt zur Etablierung von Venus als wichtiger Göttin im römischen Pantheon beruhte auf Überlegungen zur Staatsräson. Caesar und Augustus gebrauchten sie zur Legitimierung ihrer nicht unumstrittenen Herrschaft als Diktator/Kaiser. Dazu erklärten sie eine von Dichtern mehrfach beschriebene Geschichte in Bezug auf den Gründungsmythos der Stadt als „Wahrheit":

Nach griechischer Überlieferung war Aphrodite die Mutter von Aeneas; der landete nach dem Fall von Troja in Italien und seine Nachkommen gründeten Rom. Sein Sohn Ascanius, auch genannt Julus, war der Stammvater und Namensgeber der GENS Julia, zu der Caesar und Augustus gehörten. Somit war ihre göttliche Herkunft begründet und ihr Herrschaftsanspruch legitimiert. Um dies auch äußerlich darzustellen, bauten sie das sogenannte Caesarforum, das erste Kaiserforum in Rom, mit dem Tempel der VENUS GENETRIX, 46 v. Chr. geweiht. Für diesen Tempel wurde kein spezieller Priester, sondern ein COLLEGIUM bestellt.

Säulenreihe vom Doppeltempel Venus und Roma Hadrians

Schließlich begann Kaiser Hadrian 121 n. Chr. den größten Tempelbau der Stadt Rom als Doppeltempel der Venus und der Roma, der als Göttin personifizierten Stadt Rom. Mit dem eigentlich unüblichen Monumentalbau wollte sich der als Herrscher stark umstrittene Hadrian in die Erbfolge von Romulus stellen. Hadrian war griechisch gebildet und nach Griechenland orientiert; Aphrodite und Venus waren für ihn wohl ein und dieselbe Göttin. Deshalb wird anlässlich dieses Tempelbaus der Göttinnenname Venus erstmalig ohne Beinamen verwendet.

Wie auch bei den Vorläufern ist also auch die römische Venus eine Gottheit, die nicht in der ursprünglichen Religion verankert ist, sondern von außen kommt; dabei ist in Rom das Moment der politischen Instrumentalisierung offensichtlich.

Mythologische Reste

Das lateinische Wort VENUS bezeichnete zunächst keine Entität oder Person, sondern eine mögliche Eigenschaft eines Gottes, *göttliche Gnade* oder *göttliches Wohlwollen*. Deshalb erscheint bis ins 2. Jahrhundert n. Chr. die religiöse Bezeichnung VENUS immer als Beiname. Formulierungen wie VENUS JOVIA (Jupiter-Gnade) oder VENUS KERRIA (Ceres-Wohlwollen) deuten darauf hin, dass es in vorrömischer Zeit keine eigenständige Fruchtbarkeits- oder Vegetationsgöttin Venus gegeben hat, sondern das Venus-Attribut jeder Gottheit beigegeben werden konnte.

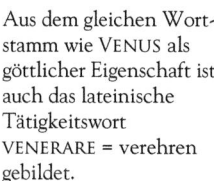

Aus dem gleichen Wortstamm wie VENUS als göttlicher Eigenschaft ist auch das lateinische Tätigkeitswort VENERARE = verehren gebildet.

Beim Volksstamm der Osker wurde eine Göttin Herentas auch unter dem Namen VENUS HERENTAS verehrt. Deren Kult soll von den Latinern in Form von Fruchtbarkeitsritualen im Monat April, an dem die Erde sich wieder öffnet (von APERIRE = öffnen), übernommen worden sein.

VENUS FISICA

Eine weitere Göttin in dieser Reihe ist die VENUS FISICA, Schutzgöttin der Verträge und Stadtgöttin von Pompeji. In ihrem Kultbild in langer Tunika, mit Mantel, Diadem und Szepter wird der Unterschied zur griechischen Aphrodite deutlich. Die Bedeutung des (ursprünglich griechischen) Beinamens FISICA war schon im 2. Jhd. v. Chr. nicht mehr bekannt, er wurde von Lucius Cornelius SULLA (138–78 v. Chr) im Sinn von „Herrscherin von Himmel, Erde und Meer" verwendet.

Die griechisch gebildeten Dichter und Schriftsteller übersetzten *Aphrodite* mit VENUS. Dies blieb jedoch Literatur, wurde nicht religiöser Kult.

Besonders Vergil mythologisierte Venus zur Ahne der Römer, fürsorgliche Mutter des Stammvaters Aeneas.

So scheinen die Römer die Bezeichnung VENUS auf mehrere weiblichen Gottheiten angewendet zu haben.

Bei den großen „Götterbewirtungen" (Lectisterien), die eine Art 7tägiges öffentliches Opfermahl darstellten, wurde eine Venus-Statue neben Mars auf einem Liegesessel platziert. Da römische Götterbilder bis zur Kaiserzeit in der Regel von etruskischen Bildhauern nach deren Vorbildern gefertigt wurden, ist die große Ähnlichkeit zu Turan nicht verwunderlich. Zwischen den beiden Gottheiten wird eine Verbindung durch Cupido dargestellt, was ungleich zum Aphrodite-Mythos auf eine legale Beziehung schließen lässt.

In diesem Zusammenhang erzählt er, wie sie für ihren Sohn Aeneas eine Rüstung bei Vulcanos erschmeichelt; der Schmiedegott ist hier nicht ihr Ehemann, wie es dem griechischen Paar Aphrodite-Hephaistos entsprochen hätte. Seine Hausfrau ist in dieser Dichtung die Nymphe Charis.

Etruskische Bronze:
Turan
ca. 550-450 v. Chr.

Venus war der Beiname einer ganzen Reihe von Göttinnen, die in der Literatur in *einem* Gottesbild aufgingen:

VENUS CAELESTIS	(zum Himmel gehörig), ab dem 2. Jhd. v. Chr. benutzt für die höchste Himmelsgöttin, teilweise Verehrung gemeinsam mit Jupiter.
VENUS CALVA	(Kahlköpfige), vermutlich eine altitalische Emanation einer Göttin, der in Notzeiten Frauen ihre Haare opferten.
VENUS CLOACINA	(Reinigende); eine Bezeichnung der etruskischen Wassergöttin Cloacina, die am Eingang des Hauptentwässerungskanals (eines früheren Bachlaufs) einen Schrein hatte.
VENUS ERYCINA	(vom Eryx); aus Sizilien eingeführt, vermutlich die phönizische Tanith.
VENUS FRUTIS	(Knospende); im FRUTINAL genannten Tempel in Lavinium verehrt.
VENUS FELIX	(Glückliche); Name ihres Kultsteins auf dem Esquilin und im von Hadrian gebauten Tempel.
VENUS GENETRIX	(Stammmutter); Göttin der Mutterschaft und Häuslichkeit mit einem Festtag am 26. September und mythische Ahnherrin des römischen Volkes.
VENUS KALLIPYGOS	(Schöngestaltige); verehrt in der griechischen Stadt Syracusa.
VENUS LIBERTINA	(Befreite oder Befreiende); möglicherweise eine Vermischung der VENUS ERYCINA mit der plebejischen Göttin LIBERA.
VENUS MURCIA	(Myrtengöttin); hier wird die Göttin gnädige MURCIA oder MURTIA angerufen.
VENUS OBSEQUENS	(Willfährige); nach Annahme des Opfers von Konsul PUBLIUS DECIUS MUS: Sein Leben für den Sieg über die Samniten.
VENUS SALACIA	(Geile); Schirmherrin der Prostituierten.
VENUS VERTICORDIA	(Herzenswenderin); von Matronen der römischen Patrizier verehrt. Sie soll die Herzen junger Mädchen zu dem vom Vater ausgesuchten Ehemann und damit zur Moral bewegen.
VENUS VICTRIX	(Siegerin); einer der Beinamen der Göttin VICTORIA. Sie wurde am 9. Oktober zusammen mit dem GENIUS PUBLICUS und FAUSTA FELICITAS auf dem Kapitol geehrt.

Plinius erzählt zur CLOACINA folgende Legende:

Der Schrein der Göttin CLOACINA sei von Romulus und Tarquinius gestiftet worden, nachdem die beiden sich an dieser Stelle mit Myrtenzweigen gereinigt hätten, um Friedensverhandlungen zwischen Römern und Sabinern zu beginnen.

VENUS LIBERTINA wurde vermutlich über eine sprachliche Verschleifung mit der altitalischen Totengöttin LIBITINA gleichgesetzt und so zur Schirmherrin von Bestattern und Bestattungen.

Aus dieser Aufstellung wird deutlich, dass es sich bei dem Wort „Venus" eher um einen Titel oder eine Anrufungsformel handelt. Eine Göttin, ein NUMEN, mit Namen Venus scheint es im alten Rom nie gegeben zu haben. Griechisch gebildete Schriftsteller übersetzten „Aphrodite" mit „Venus". Welche Göttin dabei gemeint wurde, bleibt unklar.

Erst durch den Bau des Doppeltempels von Roma und Venus wurden die inzwischen mit dem Namen verbundenen Assoziationen personifiziert. Auch in späteren Jahrhunderten nannte man schöngestaltige weibliche Gottheiten „Venus".

> Venus als Gattungsbezeichnung hat sich bis heute gehalten.
> So hat sich der Begriff „Venusfigurinen" für weibliche Statuetten aus der Jungsteinzeit eingebürgert, z. B. die bekannte Venus von Willendorf.

Ritus

Vom Kult einer Göttin mit dem Beinamen Venus wird aus verschiedenen Städten in Latium berichtet. Solche Tempel haben in Ardea, Lavinium, Alba Longa und Gabii gestanden. Über die Art ihres Dienstes weiß man allerdings nichts. Erst als die Städte sich zum Latinerbund zusammengeschlossen hatten, wird VENUS CAELESTIS zusammen mit Jupiter als Schirmherrin der jährlichen Bundestreffen genannt. Während der Gott als JUPITER LATIARIS dabei für Gerechtigkeit und Rechtmäßigkeit zuständig war, hatte die Göttin die Aufgabe, für Harmonie und friedliche Stimmung zu sorgen.

Ab dem 3. vorchristlichen Jahrhundert wurde sie auch in Rom verehrt. Hier sind aus den Kalendern einige Einzelheiten bekannt.

Am 1. April wurden die **Veneralia** gefeiert, das Fest der VENUS VERTICORDIA (Herzenswenderin, insofern sie die Mädchen von Unsittlichkeit abhält). Dieses Fest vereinigt ältere und neuere Elemente in sich. Während der Genuss von Milch darauf hinweist, dass es aus den Bauern- und Hirtenzeiten der Römer stammt (später nahm man Wein), lässt die Zentrierung um eine Venus-Statue späteren etruskischen oder griechischen Einfluss erkennen, denn Standbilder sind der ursprünglichen römischen Religion fremd.

An diesem Fest zogen die verheirateten Frauen (Matronen) in den Venustempel, nahmen allen Schmuck und angehängte Votivgaben von dem Standbild ab und wuschen es gründlich. Anschließend zogen sie zum Tempel der FORTUNA VIRILIS, wo es eine warme Quelle mit einem Badehaus gab, das zu anderen Zeiten den Männern vorbehalten war. Dort entkleideten sich die Frauen, bekränzten sich mit Myrte, tranken Milch mit Mohn und

> Die Festtage des römischen Kalenders werden in den Fasti genannten Büchern von Ovid aufgezählt, Gedichte in der Tradition des griechischen Lehrgedichts. Jeder Monat entspricht einem Buch, es sind aber nur die ersten sechs erhalten. Neben den Daten sind Geschichten und Gebräuche bei den jeweiligen Feiern dargestellt.

Venusfigur im Stil von Praxiteles, ca. 50 v. Chr.

Honig und reinigten sich durch ein Bad. Anschließend zogen sie zurück in den Venustempel und schmückten die inzwischen getrocknete Statue wieder mit ihrer goldenen Kette, frischen Blumen und sonstigem Zierrat. Das Hin und Her wird so erklärt, dass diese Statue der keuschen Venus zunächst auch im Tempel der FORTUNA VIRILIS gestanden habe, dort aber mit allerlei Unzucht konfrontiert worden sei, so dass ihr 114 v. Chr. ein eigener Tempel geweiht wurde.

In den Jahren der späten Republik und der Kaiserzeit wurden die VINALIA APRILIS immer mehr zu einem reinen Weinfest mit hohem Alkoholkonsum; besonders der Teil der Jupiter-Verehrung verschwand.

Am 23. April wurden die VINALIA URBANA begangen, das erste Weinfest des Jahres, an dem der neue Wein im Mittelpunkt stand. Das Fest galt sowohl dem Jupiter als auch der VENUS CAELESTIS. Das Jupiterritual wurde vom Hohepriester abgehalten und diente der Weihung des Sakralweines und der Bitte um gutes Wetter für die neue Ernte. Die Venusfeiern bestanden aus feierlichen Verkostungen des neuen Profanweines aus den im vorherigen Herbst gekelterten Trauben.

Fragment der FASTI PRAENESTINI mit dem Eintrag der Vinalia (VIN)

In beiden Fällen wurden größere Mengen Wein als Opfer in einen Regenabzugskanal zwischen den Tempeln der beiden Gottheiten gegossen.

Gleichzeitig fand das Fest der VENUS ERYCINA ET MERETRICUM statt; dabei versammelten sich gewöhnliche Mädchen (PUELLAE VULGARES) und registrierte Prostituierte (MERETRICES) am Tempel vor der Porta Collina. Sie opferten Myrte (Reinigung) und Wegrauke (Heilmittel) und schmückten das Götterbild mit Rosenkränzen. Als Gegenleistung erbaten sie Schönheit, Anziehungskraft und zahlungskräftige Freier.

Die in älterer Literatur zu findende Angabe, Venus sei eine italische Göttin der Gärten und des Frühlings gewesen, die von Bauern und Winzern verehrt worden sei, ist insofern nicht falsch, als es durchaus eine Verehrung der VENUS KERRIAE (Gnädige Getreidegöttin) und der VENUS FRUTIS (Gnädige des Knospens) gab.

Am 19. August war der älteste, der Tempel der VENUS OBSEQUENS (wohlwollende oder willfährige Venus) geweiht worden. Dies war gleichzeitig der Tag der VINALIA RUSTICA, der feierlichen Eröffnung der Weinlese. Wie beim Frühlings-Weinfest wurden auch dabei Unmengen an Wein als Opfer ausgeschüttet. Als landwirtschaftlicher Feiertag wurde dieser Tag auch von Gärtnern, Gemüsehändlern und Blumenzüchtern zu Ehren der VENUS FRUTIS begangen.

Sowohl in den vielen Namen als auch im Kult zeigt sich, dass „Venus" ursprünglich keine eigenständige Göttin, keine Entität war, sondern eine Haltung des Wohlwollens, die vielen nicht nur weiblichen Gottheiten zugesprochen werden konnte. Demgegenüber steht die Lesart der Dichter und griechisch gebildeten Intellektuellen, die in Venus eine bloße Übersetzung des Wortes Aphrodite sahen. Letztere ging in die europäische astrologische Tradition ein.

Die astrologische Venus

Venus ist uns als Name des zweiten Planeten unseres Sonnensystem selbstverständlich. In der heutigen Astrologie bezeichnet Venus jedoch einen symbolischen Inhalt, nach C. G. Jung Darstellung eines Archetypus, eines urbildlichen Verständnisses einer allen Menschen gemeinsamen Vorstellung. Dies drückt sich sprachlich auch darin aus, dass die Bezeichnung *Venus* durchaus als Gattungsbegriff gesehen werden kann.

Bei genauerer Betrachtung findet man jedoch in der Astrologie noch immer Abend- und Morgenstern vertreten, was sich nicht nur darin ausdrückt, dass Venus in zwei Tierkreiszeichen „herrscht", Stier (Morgenstern) und Waage (Abendstern). Auch die Zuordnungen lassen sich leicht in zwei Gruppen aufteilen (s. die modellhaften Darstellungen als Facettenkugeln auf Seite 53 und Seite 54).

Bei einigen astrologischen Autoren, z. B. **B. A. Mertz**, werden die beiden dezidiert unterschieden: Mertz definiert, dass Venus dann im Horoskop als Morgenstern (Stier-Venus) zu deuten ist, wenn der Planet im Uhrzeigersinn **vor** der Sonne steht, als Abendstern (Waage-Venus), wenn er **hinter** dem Zentralgestirn steht. Da Venus sich aus astronomischen Gründen nie mehr als 48° von der Sonne entfernen kann, ist diese Positionierung immer eindeutig. Mertz ordnete dem Symbol Venus das Stichwort „weibliches Empfinden" zu und unterschied zwischen „realitätsbezogenem Empfinden" (Stier-Venus) und „verbindendem Empfinden" (Waage-Venus).

Es gab in der zweiten Hälfte des letzten Jahrhunderts mehrere Versuche, die Doppelherrschaft der Venus über zwei Tierkreiszeichen aufzulösen:

- **Edith Wangemann** postulierte als Herrscher von Waage den hypothetischen Transpluto, den sie *Isis* nannte. Dieser Himmelskörper war von der Universität Paris aufgrund von Bahnschwankungen insbesondere Neptuns berechnet worden. Durch die weitere Erforschung des Kuiper-Gürtels, wo ein derartiger Planet nicht gefunden wurde, ist diese Annahme noch spekulativer geworden.
- Der schweizerische Astrologe **Hans-Jörg Walter** postuliert *Ceres* als Herrscherin von Stier. Obwohl seine Argumente durchaus valide erscheinen, ist ihm bisher kaum ein anderer Astrologe gefolgt.

Möglicherweise gibt es bei diesen Vorgängen eine Parallele zum „Befund" in Bezug auf die römische Göttin Venus: So wie sich in der römischen

---

Bernd Arnulf Mertz (* 10. Juli 1924 in Berlin; † 17. November 1996 in Frankfurt am Main), war ein deutscher Schauspieler, Regisseur, Drehbuchautor und Astrologe. Er schrieb mehr als 25 Bücher und betrieb in den 80er und 90er Jahren des letzten Jahrhunderts eine Astrologenschule in Frankfurt am Main (zusammen mit seiner Frau Christiane Eisler).

Edith Wangemann wurde am 29.8.1917 um 21:54 Uhr MESZ in Magdeburg geboren, sie starb am 19. September 2000. Die Astrologin führte die von ihrem Mann gegründete Kosmobiosophische Gesellschaft zu einer bedeutenden Strömung innerhalb der deutschen astrologischen Szene und war Herausgeberin der Zeitschrift „Sein und Werden."

Hans-Jörg Walter (geb. 2. Juni 1925) verfasste mehrere astrologische Bücher. Sowohl in seinem Hauptwerk "Entschlüsselte Aspektfiguren" als auch in einem Buch über Chiron vertritt er die Auffassung, dass die astrologische Herrscherin des Zeichens Stier der 1801 entdeckte Planetoid Ceres ist.

> Grundsätzlich ist zu erwarten, dass sich zu den **zwölf** Tierkreiszeichen schließlich auch **zwölf** Himmelskörper finden. Der dazu notwendige Klärungsprozess hat aber noch nicht einmal begonnen.

Religion keine Göttin als Entität festmachen lässt, sondern als Prinzip Venus, als göttliche Haltung, so könnte auch das astrologische Symbol Venus eher eine Haltung charakterisieren, die sich im Umlauf mehrerer Himmelskörper spiegelt.

Bei den unterschiedlichen Richtungen der Astrologie werden die divergierenden Symbolgehalte jedoch nicht immer berücksichtigt. Je nachdem, ob die Deutungsrichtung der jeweiligen „Schule" eher auf seelische Vorgänge, Charakterbeschreibungen oder die Ermittlung von Ereignissen gerichtet ist, werden die Unterschiede mehr oder weniger differenziert berücksichtigt. Manchen Autoren ist das durchaus bewusst, so Thomas Schäfer in seiner Darstellung „Bildersprache Astrologie", in der praktisch nur Venus-Abendstern beschrieben ist. Die mangelnde Unterscheidung bei der überwiegenden Zahl der Astrologen bewirkt, dass die mehr als 2200 Stichworte im „Handbuch der astrologischen Zuordnungen" sich auf beide Ausprägungen des Planetensymbols beziehen.

Trotzdem kann man ein die verschiedenen Richtungen der Astrologie übergreifendes Prinzip finden. Bezeichnet wird Venus mit der Glyphe ♀. Dabei soll der Kreis die Sonne (Geist) und das Kreuz die Erde (Materie) verkörpern. Auch das astrologische Kürzel ist Bestandteil des Venussymbols; in abstrakter Form stellt das Venuszeichen das Primat des Geistes über die Materie dar.

Wie Merkur fungiert auch Venus als Botschafterin des Wesenkerns, aber in nicht-rationaler Form, durch Emotionen.

> Im Gefühlsausdruck wird gespiegelt, wie ein Mensch sich selbst und seine Gegenüber erfährt und schätzt.

Ist der Mensch im innersten Wesen mit sich und den Menschen in seinem Umfeld im Einklang, strahlt er Harmonie aus. Differenzen bewirken die Ausstrahlung „unglücklich".

Durch die Emotionen, die wir zeigen, machen wir deutlich
- welchen Wert wir uns selbst und den Dingen um uns herum beimessen (Morgenstern, Stierprinzip),
- wie wir andere Menschen sehen und von ihnen gesehen werden möchten (Abendstern, Waageprinzip).

Die Position der Venus im Horoskop zeigt also, ob wir uns im innersten Wesen in Einklang mit uns und den uns umgebenden Partnern fühlen und an welchen Stellen fehlende Wertschätzung negative Emotionen hervorruft. Konkret steht das astrologische Venussymbol

⇨ als **Morgenstern** für:
- Wertschätzung der eigenen Person,
- Freude an wertvollen Besitztümern,
- harmonische Einbettung in natürliche Vorgänge,
- Freude am Genuss.

⇨ als **Abendstern** für:
- Wertschätzung von Partnern in allen Beziehungen,
- Freude an Selbstdarstellung gegenüber den Partnern,
- Demonstration von Schönheit,
- Freude an Kultiviertheit.

In beiden Fällen ist Sexualität als quasi natürliches Element dieser Funktionen eingeschlossen. Dass sie in der Literatur als besondere Signatur des Venussymbols häufig im Vordergrund steht, kann einerseits darauf zurückgeführt werden, dass Sexualität im christlich-jüdischen Kulturkreis jahrhundertelang stark unterdrückt wurde und dadurch etwas Besonderes darstellte. Es kann andererseits aber auch am Bemühen der Astrologen liegen, auf jeden Fall etwas Gemeinsames für Abend- und Morgenstern zu finden, denn tatsächlich ist ja immer nur ein Planetensymbol im Horoskop verzeichnet. Wie oben beschrieben, gab es unterschiedliche Reaktionen auf dieses Dilemma. Gelöst wurde es nicht.

Die römischen Venus-Gottheiten wurden erst relativ spät in die Stadt gebracht. Hier wiederholt sich das bereits in der Vorgeschichte beschriebene Bild einer von außen in den Pantheon kommenden Göttin. Symbolisch kann das auf die Waage-Venus deuten, denn das Tierkreiszeichen Waage steht ganz allgemein für die Auseinandersetzung mit Personen und Dingen, die von außen kommen und zu denen man eine positive oder negative Haltung entwickeln muss.

Zusammenfassung

Betrachtet man das Planetensymbol Venus, wie es in der modernen westlichen Astrologie gesehen wird, so findet man als Schwerpunkte einerseits die eigene Wertschätzung andererseits die Wertschätzung von Partnern. Beides war im griechischen Aphrodite-Mythos in einer Person vereint (wenn auch die heutigen Schilderungen stark von den Moralvorstellungen der jeweiligen Autoren verfremdet sind).

In der römischen Religion sieht man jedoch bereits das Auseinanderfallen der beiden Symbole Morgen- und Abendstern respektive Stier-Venus und Waage-Venus.

Das Verständnis einer sich selbst wertschätzenden Frau wird in den Riten der Veneralia angedeutet. In der männerbeherrschten Welt der Antike galten Frauen-Gottesdienste in der Regel allein den weiblichen Themen Ehe, Schwangerschaft und Geburt. Ein Fest, das nur der eigenen Freude und dem Genuss dient, war durchaus etwas Besonderes. Diese gesellschaftliche Ansicht hat sich allerdings stark verändert.

In den heutigen westlichen Kulturen wird von Frauen Selbstständigkeit und ein gesundes Selbstwertgefühl erwartet. Keine Frau muss mehr in gesellschaftliche Verachtung fallen, wenn sie sich selbst einen Liebhaber sucht. Viele Ehen werden zwar formal „für immer" geschlossen, fungieren aber tatsächlich auf Zeit, Scheidungen sind keine Skandale mehr. Insofern wurden viele als Besonderheit hervorgehobenen Aspekte des Venussymbols in die Reihe normaler Verhaltensweisen eingeordnet und benötigen keine Göttin zu ihrer Legitimation.

Venus als Symbol für Beziehungen ist an verschiedenen Stellen des alten Roms gegenwärtig, sowohl mit Betonung auf gesellschaftlicher Anpassung (VERTICORDIS) als auch auf Sexualität (SALACIA).

Besonders ähnlich einem heutzutage wichtigen Venusaspekt ist die vermittelnde Funktion, wie sie von der pompejischen VENUS FISICA überliefert wird. Offensichtlich war es bereits im Rom der späten Republik ein Bedürfnis, der Haltung von Vermittlung und Ausgleich ein religiöses Symbol zuzuordnen. In der Gegenwart kommt den damit verbundenen Fähigkeiten zur Harmonisierung eine wichtige Bedeutung sowohl in der Arbeitswelt als auch im Privatleben zu. Dies entspricht jedoch eher dem Abendstern Venus.

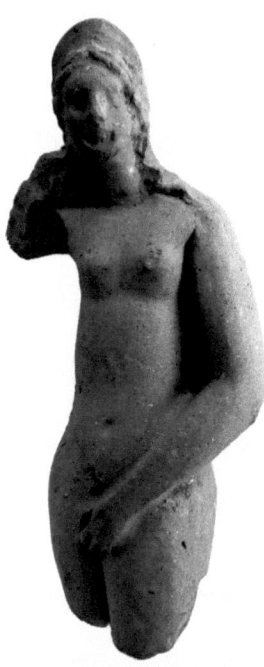

Venus aus Ton
römisch
ca. 1. bis 3. Jh. n. Chr.
ca. 6,5 cm hoch

Der erfahrene Astrologe kann aus der Stellung dieser Venus im Horoskop die diesbezüglichen Fähigkeiten oder Schwächen des Nativen ablesen. Gibt es in diesem Bereich Probleme, zeigt das Horoskop auch Lösungswege dafür.

Für den Morgenstern sind die Bezüge zu Werten, insbesondere materiellen deutlich. Entgegen den Verhältnissen in der Antike mit Landbesitz als wichtigstem Wert, geht es dabei heutzutage eher um Geld und Güter, Besitz von Gegenständen bis zur Sammelwut. In negativer Ausprägung ist das Diogenes- oder Vermüllungssyndrom (Messie-Syndrom) hier zu nennen. Auch Überernährung gehört zu diesem Symbolkomplex. Je nach positiver oder negativer Stellung dieser Venus werden die entsprechenden Haltungen angezeigt.

Die Haltung zur Sexualität im engeren Sinn wird nach Entdeckung von Pluto von diesem symbolisiert. Der Gefühlsausdruck des physischen Wohlbefindens, wie er sich in diesem Bereich auch als Ergebnis der physischen Selbstschätzung darstellt, bleibt natürlich im Symbol enthalten.

Insgesamt kann man sagen, dass die Ansicht der modernen westlichen Astrologie in Bezug auf das Symbol Venus durch die Entwicklung der gesellschaftlichen Verhältnisse, insbesondere der Ansichten über Sexualität, stark verändert wurde. Die überkommenen mythologischen Bilder sind kaum zu erkennen. Außerdem klaffen die Darstellungen von Morgen- und Abendstern so weit auseinander, dass von *einem* Venussymbol eigentlich nicht gesprochen werden kann.

Hier herrscht noch erheblicher Forschungsbedarf.

Bei der Darstellung des Planetensybols als Modell wird hier versucht, die beiden Sichtweisen getrennt darzustellen.

Die Zuordnungen zu Venus als Morgenstern
(zugehörig zum Tierkreiszeichen Stier)

Die Zuordnungen zu Venus als Abendstern
(zugehörig zum Tierkreiszeichen Stier)

Dieser Abschnitt fußt schwerpunktmäßig auf folgender Literatur, mit deren Hilfe man sich weitergehend informieren kann:

Gerlach, Wolfgang (Hrsg.), Publius Ovidius Naso. FASTI. Festkalender Roms, München 1960.

Mertz, Bernd A., Das große Handbuch der Astrologie, Sonderausgabe, München 1999.

Schäfer, Thomas, Bildersprache Astrologie, Wettiswil (CH) 1991.

Walter, Jörg, Entschlüsselte Aspektfiguren, Freiburg 1981.

Mars

Vorgeschichte

Der vierte Planet unseres Sonnensystems ist auch bekannt als der *rote Planet*, da er knapp über dem Horizont als leuchtend roter Himmelskörper beobachtet werden kann, und daraus ergab sich auch sein ältester Name in Sumer: Símutu, der Tiefrote. Bis ins 14. vorchristliche Jahrhundert galt er als Stern des Jagd- und Kriegsgottes Ninurta, verehrt in Nippur.

Ninurta auf der Jagd

Zu dieser Zeit fand ein Wechsel zu Nergal statt, ein Tausch mit Saturn, dessen Hintergründe nirgends erwähnt werden. Die sich zu dieser Zeit manifestierende astrologische Deutung von Mars als Unglücksplanet kann damit zu tun haben – mit fröhlicher Jagd wurde er seitdem nie mehr in Verbindung gebracht. Nergal galt als die personifizierte glühende Sommerhitze, war Kriegsgott und Herrscher der Unterwelt.

In babylonischer Zeit wird Nergal als Stadtgott von Kutha oder Kuthu genannt, ein Name, der gleichfalls die babylonische Unterwelt bezeichnet.

Nergal mit Löwenköpfen

Aus Kutha sollen nach Angabe der Bibel Zwangsumsiedler nach Nordpalästina geschickt worden sein und mit den im Exil dort verbliebenen Juden das Volk der Samariter gebildet haben (2. Könige 17, 24-30). Auf Hebräisch heißen sie entsprechend Cuthim.

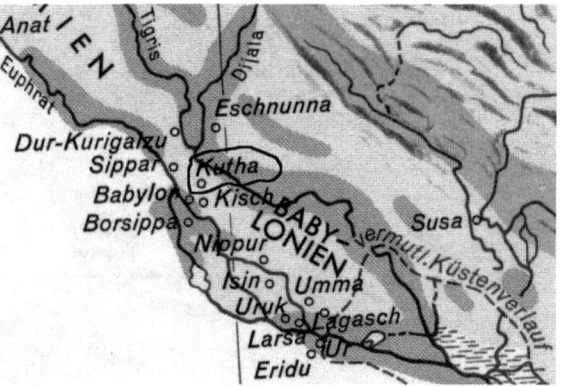

Nippur und Kutha im babylonischen Reich

Als hor-descher (Roter Horus) galt Mars in Ägypten als lebender Stern des Sonnengottes Re. Da auch er Zeiten hat, in denen er scheinbar rückwärts läuft und die Ägypter diese nicht voraussehen bzw. berechnen konnten, nannten sie ihn ein unzuverlässiges Gestirn.

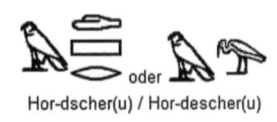

Hor-dscher(u) / Hor-descher(u)

Mars-Hieroglyphen (hellenistische Zeit)

Auch bei den Griechen wurde die Farbe zum Namensgeber des Pyrhoeis (des Roten). Aber bereits Plato (424/423 – 348/347 v. Chr.) wird in den epinomis der Gebrauch der Bezeichnung „Stern des Ares" zugeschrieben. Diese Zuordnung scheint aber nicht von den Griechen selbst, sondern von eingewanderten Chaldäern vorgenommen worden sein, die eine Nergal vergleichbare Gottheit gefunden zu haben glaubten. Dabei wurde nicht berücksichtigt, dass der griechische Ares überhaupt nichts mit der Unterwelt zu tun hat.

Auf ebenso oberflächlichen Übereinstimmungen beruhte die weitere Übertragung auf den römischen Bauerngott Mars.

MARS als römischer Gott

Es gibt verschiedene Herleitungen für den Namen des Gottes Mars. Einerseits wird auf MARIS, etruskischer Gott der Liebe und Fruchtbarkeit verwiesen. Andererseits gilt *Mawort-, lateinisch MAVORS, ein altitalischer Bauerngott, als Ursprung. Nach Radke (Gottesvorstellungen, S. 4f) „… hat sich (der Name) auf eine sprachliche Wurzel zurückführen lassen, die den Vorgang des Zuteilens beschreibt;" Er meint damit, das Zuteilen von Land bei den Bauern; dies erklärt auch seine Rolle beim VER SACRUM (s. u. Seite 65f). Cicero erklärt den Namen in seinem Werk „DE NATURA DEORUM" als Zusammenziehung von MAGNA VERTO (ich verkehre das Große), weil der Krieg alles Große umkehre.

Mars gehört zu den ältesten italischen Göttern, sein Ursprung wird indoeuropäisch erklärt. In Rom scheint er von Beginn an verehrt worden zu sein. Bei Anrufungen wurde auch der Name MARSPITER als Zusammenziehung von MARS und PATER verwendet.

Die PIETAS ERGA DEOS übertrug die gegenüber dem leiblichen Vater (über dessen Tod hinaus) verpflichtete Haltung uneingeschränkten Gehorsams auf Götter, die als PATER angerufen wurden: Jupiter, Mars, Quirinus, Janus, Neptunus, Liber, Falacer. Ihnen gegenüber waren die vorgeschriebenen Kulthandlungen ständig als quasi kindliche Pflicht zu erfüllen.

Den obersten männlichen Göttern Jupiter, Mars und Quirinus dienten die obersten staatlich eingesetzten Priester (FLAMINES MAIORES). Aus der Sellung der drei FLAMINES MAIORES haben frühere Religionswissenschaftler darauf geschlossen, es habe in der römischen Frühzeit eine sogenannte „Archaischen Triade" von Jupiter, Mars und Quirinus gegeben, die er späteren „Kapitolinischen Triade" von Jupiter, Juno und Minerva vorangegangen sei. Nachdem sich aber außer dieser Schlussfolgerung keinerlei weiterer Beleg dafür finden ließ, wurde diese Hypothese fallen gelassen. Vermutlich diente die Einsetzung dieser drei Oberpriester dem Frieden zwischen den anfänglich noch konkurrierenden Angehörigen der unterschiedlichen Stämme, die die Hügel Roms besiedelt hatten und jeweils einen dieser Götter als obersten anriefen.

Der Oberpriester des Mars (FLAMEN MARTIALIS) war speziell für die Weihe der Kriegswaffen zuständig.

In der Stadt war Mars in Form eines Speeres anwesend, der in einer besonderen Kammer, dem SACRARIUM, in der REGIA (dem Amtsgebäude der Hohepriester) aufbewahrt wurde. Dies scheint aus der Zeit zu stammen, als die römischen Götter noch nicht in Pseudo-Menschengestalt verehrt wurden (vergleichbar mit Jupiter dem Stein).

Im gleichen Raum lagen oder standen auch einige Lanzen, die sich bewegten (vibrierten), wenn die Gottheit den Menschen etwas mitteilen wollte – eine solche Bewegung wurde vom FLAMEN MARTIALIS unverzüglich dem Magistrat gemeldet. Vor einem Kriegszug musste der jeweilige Heerführer in dieser Kammer die dort liegenden Waffen berühren und mit dem Ruf „MARS VIGILA!" (Mars wach auf!) die Gottheit beschwören. Hier gab es auch das heilige Feuer, das beim weiter unten beschriebenen Ritus des Oktoberpferdes eine wichtige Rolle spielte.

Der älteste Schrein des Mars (ARA MARTIALIS) stand auf dem sogenannten Marsfeld (CAMPUS MARTIUS), einer mehr als 250 ha großen Fläche außerhalb der ersten Stadtmauer, die für den Aufmarsch des Heeres geeignet war. Sie diente als Truppenübungsplatz und dem feierlichen Empfang ausländischer Staatsgäste, die die Stadt nicht betreten durften. Auch die Triumphzüge nach erfolgreichen Eroberungen fanden hier statt. Ab 100 v. Chr. wurde der Bereich dann allerdings bebaut und unter Kaiser Aurelian im 3. nachchristlichen Jahrhundert in die Stadtgrenzen einbezogen.

Mars als Verteidiger der Stadt war der Gott der wehrhaften Bürger, die eine Siedlung oder Stadt gegen menschliche Feinde verteidigten. Nach dem Übergang vom Bürgerheer zu einem Heer aus Berufssoldaten geriet Mars in den Hintergrund und im 509 v. Chr geweihten capitolinischen Tempel wurde an seiner Stelle Minerva verehrt. So war er beim ersten rituellen Göttermahl (LECTISTERNIUM) 399 v. Chr. nicht beteiligt (beteiligt: Apollo und Latona, Herkules und Diana, Merkur und Neptun); erst für das große LECTISTERNIUM 217 v. Chr. wird er als Partner von Venus genannt, allerdings wurde dieses Ritual GRAECO RITU (nach griechischem Ritus) durchgeführt. Dies bedeutete, dass die entsprechenden Opferhandlungen durch die Priester unbedeckten Hauptes durchgeführt wurden. Dass hier starke griechische Einflüsse eine Rolle spielten, zeigt sich auch an der Tatsache, dass die Götter in Form von Statuen (wahrscheinlich von etruskischen Bildhauern gefertigt) und als Paare platziert wurden. Offensichtlich sollten es echte der menschlichen Ehe nachempfundene Verbindungen sein, denn die vorherige Kombination von Merkur und Neptun wurde zugunsten Merkur+Ceres und Neptun+Minerva aufgelöst.

> Die REGIA war ein kleines Gebäude im FORUM ROMANUM neben dem Vesta-Tempel. Es wird aus dem Namen geschlossen, dass es der frühere Königssitz gewesen sei, den der PONTIFEX MAXIMUS als dem König nachfolgender REX SACRORUM übernommen habe. Es wurde mehrfach durch Brand oder Erdbeben zerstört, so dass man keine archäologischen Belege für seine Gestaltung in der Frühzeit hat.

> Das Lectisternium von 399 v. Chr. wurde nicht vom COLLEGIUM PONTIFICUM veranstaltet, das für die Wahrnehmung aller Zeremonien und Opfer nach dem PATRIUS RITUS (vaterländischer Ritus) zuständig war. Es wurde von derselben Gruppe organisiert, die auch die Sybillinischen Bücher befragte: den DECEMVIRI SACRIS FACUNDIS. Entsprechend der Herkunft des Orakels wurde das Ritual nach griechischem Ritus durchgeführt.

CONCORDIA (Eintracht) ist eine der Göttinnen, die von personifizierten Tugendbegriffen abgeleitet wurde.

Dazu gehören noch:
FIDES (Treue),
SPES (Hoffnung),
PUDICITIA (Keuschheit),
IUSTITIA (Rechtlichkeit),
VIRTUS (Tugend),
PAX (Frieden),
LIBERTAS (Freiheit),
HONOS (Ehre),
FELICITAS (Glück).

Concordiagruppe aus dem Jahr
175 v. Chr., z. Zt. vor dem römischen Regierungssitz Palazzo Chigi

Unter Einfluss griechisch orientierter Intellektueller wurde Mars öfters zusammen mit einer Göttin dargestellt, die von späteren Autoren Venus genannt wurde. Standbilder der beiden als Paar wurden jedoch CONCORDIA-Gruppe genannt, und deshalb ist auch gut möglich, dass es sich um die Göttin CONCORDIA handelt.

In sabinischen Quellen wird Mars „mit seiner Nerio" beschrieben; die Gräzisierung machte daraus eine Göttin Nerio als seine Gemahlin. Es ist aber ungeklärt, ob „NERIO" nicht ein sabinischer Ausdruck für Kraft und Stärke ist, und hier nur eine Eigenschaft des Gottes beschrieben wird. Zumindest linguistisch gibt es einige Hinweise darauf.

Nach dem Niedergang in der spätrepublikanischen Zeit wurde der Marskult unter Caesar wieder in den Mittelpunkt gerückt. Als Vater von Romulus und Remus spielt er in der mythischen Gründungslegende der Stadt Rom eine wichtige Rolle. Um die Zeitenwende wurde der prächtige Tempel des MARS ULTOR (Mars der Rächer) im Augustusforum geweiht. Gleichzeitig ging eine gewisse Verharmlosung des Kriegsgottes damit einher: Galt er zuvor als so schrecklich, dass sein Schrein – und damit sein Aufenthaltsort – sich außerhalb der Stadtmauer befinden musste, wurde er mit diesem Tempelbau quasi ins kaiserliche Zentrum geholt.

Nachdem griechischer Einfluss sich in der römischen Religion bemerkbar machte, wurde Mars wie sein „Pendant" Ares hauptsächlich Kriegsgott und Begleiter des Heeres. Als solcher wurde er natürlich besonders von den Soldaten verehrt, deshalb gab es in fast allen größeren Garnisonsstädten Marstempel.

Der rechts abgebildete Altar ist dem MARS CICOLLUS geweiht, der Hauptgottheit der Lingonen, er stammt aus der Zeit 55-68 n. Chr. und wurde in Xanten gefunden.

Der Text besagt:
„Dem MARS CICOLLUS geweiht.
Für das Wohl des Kaisers
(Nero Caesar) Augustus,
des Germanenbezwingers und
Vater des Vaterlandes.
Die Bürger der Lingonen, die sich in Ci(...)
niedergelassen haben."

Im Kult zeigten sich deutliche Standesunterschiede: Die einfachen Soldaten verehrten Mars, die Offiziere pflegten den (geheimen) Mithraskult. Insbesondere für Offiziere plebejischer Herkunft war es wichtig, zu diesem Kult eingeladen zu werden.

Der keltische Stamm der Lingonen stammt aus Ostfrankreich, es befand sich jedoch eine Siedlung bei Xanten, die 69 n. Chr. zerstört wurde, ihr Name ist nicht mehr zu lesen.

Mythologische Reste

Mars war bereits Gott der Latiner, als diese noch Bauern und Hirten waren. Er war zuständig für den Schutz der Höfe und Felder gegen die ungezähmte Natur, das „Draußen". Insofern war er auch für Gesundheit und Fruchtbarkeit des von ihm beschützten Bereichs verantwortlich, aber weder in der Funktion eines Fruchtbarkeits- noch eines Heilergottes. Seine Attribute waren Schild und Speer.

Während der Königsherrschaft von Numa Pompilius (um 700 v. Chr.) soll er seinen heiligen Schild vom Himmel fallen gelassen haben. Damit dieser nicht gestohlen werden konnte, wurden 11 gleich aussehende Schilde gefertigt, alle 12 wurden im SACRARIUM MARTIS (in der REGIA, s.o.) aufbewahrt. Zuständig dafür war das Priesterkollegium der Salier.

Dies war eine Vereinigung von 2 x 12 Personen, die jeweils ein Versammlungshaus auf dem Palatin und dem Quirinal hatten. Die palatinischen Salier bildeten das kriegerische Gefolge des MARS GRADIVUS (schreitender Mars). Bei den Feierlichkeiten ihm zu Ehren zogen sie mit den entsprechenden Umzügen durch die Stadt und sangen und tanzten an vorgegebenen Stellen nach dem Festprotokoll. Dabei trugen sie spezielle Ritualkleidung, die vermutlich der Soldatengewandung in vorrömischer Zeit entsprach. Ihr spezieller Gesang (CARMEN SALIARE) war so alt, dass in geschichtlicher Zeit niemand mehr den Text vollständig verstand. Mit Schild und Lanze führten

Als einer der ältesten römischen Götter wurde Mars als Marspiter (Vater Mars) in Zeremonien oft dem Jupiter gleichgestellt. Historisch war er vermutlich der Hauptgott der Siedlung auf dem Palatin, obwohl dort nie ein Heiligtum nachgewiesen wurde.

Mars- Schild

sie einen Kriegstanz nach uralten, genau vorgeschriebenen Abläufen auf. Es gibt Vermutungen, dass es sich bei Gesang und Tanz um ein Bannungsritual gegen böse Geister handelt, die Salier also eine Art Schamanen-Gehilfen des Schutzgottes darstellten. Auch die Interpretation, dass Mars selbst als Inkarnation des Krieges damit aus der Stadt herausgehalten werden sollte, ist in der Literatur zu finden.

Die Mars heiligen Tiere waren Specht, Pferd, Stier und Wolf, es durften ihm nur männliche Tiere geopfert werden.

Als früherer Beschützergott war er ausschließlich für „gerechte" Kriege zuständig (im Gegensatz zum griechischen Ares); Caesar gab sich deshalb große Mühe, seine Feldzüge nördlich der Alpen als gerecht darzustellen.

Die INTERPRETATIO ROMANA setzte Mars in den Provinzen u.a. mit dem keltischen Teutates und dem germanischen Thincsus der Tubanten gleich.

Hier als Beispiel ein Votivstein, der am Hadrianswall in England gefunden wurde:

Der Text auf dem Stein lautet:
DEO
MARTI
THINCSO
ET DVABVS
ALAISAGIS
BEDE ET
FIMMILENE
ET N AVG GERM
CIVES TVIHANTI
V S L M

Übersetzt: Für den Gott Mars Thincsus und die zwei Alaisagae Beda und Fimilena, haben die germanischen Stammesmänner der Tubanten ihr Gelübde gerne und mit Grund eingelöst.

Nach römischem Brauch wurde ein fremder Gott wie der germanische Thincsus dadurch „adoptiert", dass einer der offiziellen römischen Götter ihm gleichgestellt wurde, daher ‚Mars' Thincsus.

Nach: GardenStone: Germanischer Götterglaube, S. 239

Ritus

Dem Mars war nach dem altrömischen Kalender der erste Monat des Jahres, Martius (März), geweiht. Zahlreiche Feste in diesem Monat galten seiner Verehrung. Mars wird dabei als Herr der Anfänge gefeiert: Anfang des kalendarischen Jahres, Anfang der Feldbestellung, Anfang der Zeit der Feldzüge.

153 v. Chr. wurde der Beginn des Amtsjahres auf den 1. Januar verlegt

Bereits am 27. Februar wurden die Feierlichkeiten mit einem Pferderennen zu Ehren von Mars eröffnet, in der Frühzeit als Reitveranstaltung, später als Wagenrennen durchgeführt. Angeblich hat Romulus diese Veranstaltung zu Ehren seines Vaters Mars gestiftet.

Am 1. März war das altrömische Neujahrsfest. Die Türen der öffentlichen Gebäude, alle Tempel und Götterstatuen wurden mit frischem Grün geschmückt. Im Tempel der Vesta wurde die heilige Feuerstätte gereinigt, draußen ein neues Feuer (mit einem hölzernen Feuerbohrer) entzündet und in den Tempel gebracht.

Gefeiert wurde mit einem prächtigen Umzug, bei dem die Salier ihre Tänze aufführten.

Hausfrauen machten Geschenke an ihre Ehemänner und die weiblichen Bediensteten wurden von ihnen mit einem opulen Mal bewirtet (MATRONALIA, Gegenstück zu den SATURNALIA am 17.12.).

Salier in altertümlicher Kampfbekleidung tragen die heiligen Schilde zum Tanzplatz

Viele Mars-Rituale im März und Oktober stammen aus einer Zeit, in der kriegerische Aktivitäten nur in den Sommermonaten stattfanden. Feldzüge begannen nach der Frühjahrsaussaat und endeten vor Beginn der Ernte. Als Hannibal im 2. punischen Krieg dieses Zeitschema durchbrach, herrschte größte Verwirrung, denn zum Zeitpunkt seines Einmarsches in die Po-Ebene im Dezember musste das römische Heer erst zusammengerufen werden.

Am 9. März war ein DIES RELIGIOSUS; die Salier trugen dabei die heiligen Marsschilde einmal um die gesamte Stadt. Der Tag war auch ein Gedenktag an MAMURIUS VETURIUS, den mythologischen Schmied, der die elf Schild-Kopien geschmiedet haben soll.

Gleichzeitig wurde ein Ritual durchgeführt, das entweder als Winteraustreiben oder Sündenbock-Ritual gedeutet wird: Ein alter Mann in Fellkleidung wird symbolisch mit geschälten Weidenruten aus der Stadt geprügelt. Dieser Brauch ist so uralt, dass sein wirklicher Sinn nicht mehr festgestellt werden kann.

Am 17. März fanden die Feiern zum Auftakt der Militärsaison statt. An der REGIA (Sitz des höchsten Priesters) wurde vom Hohepriester ein Widder geopfert und die Schutzgötter des Staates angerufen. Anschließend fand ein Wagenrennen zu Ehren von Mars statt.

> MARSQUE CITOS IUNCTIS CURRIBUS URGET EQUOS;
> EX VERO POSITUM PERMANSIT EQUIRRIA NOMEN,
> QUAE DEUS IN CAMPO PROSPICIT IPSE SUO.
>
> Und Mars beflügelt die schnellen verbundenen Pferde;
> bestehen blieb der zu Recht gesetzte Name Equirria,
> wenn der Gott auf dem eigenen Feld selbst zuschaut.
>
> Ovid: FASTI 2, 858-859, Übersetzung Hannelore Goos

Bei verschiedenen Marsritualen handelt es sich um sogenannte Lustrationen, feierlichen Reinigungen und Sühnungen.

Folgt man den Gedanken des Psychoanalytikers Donald Sandner, so war dies die bei den Römern wirksame Methode, das unvermeidliche Böse in der Gesellschaft zu isolieren und zu kontrollieren. Ließe man dem zwischen Menschen entstehenden Hass und den daraus resultierenden Feindseligkeiten „freien Lauf, zerfräße es (das Böse) das gesamte soziale Gefüge der Kultur." (S.161)

Am 23. März fanden diese Feiern ihren Höhepunkt im Tubilustrium, Weihe der Hörner oder Trompeten, die als Signalinstrumente für das Heer dienten.

Römisches Signalhorn

Am 15. Oktober wurde das landwirtschaftliche Jahr mit der Opferung des Oktoberpferdes an Mars beendet. Das Ritual begann mit einem Wagenrennen von Zweiergespannen auf dem Marsfeld. Die gesamte Bevölkerung zog vor die Stadt, um dieses Spektakel zu sehen.

Das rechte Pferd des Siegerwagens wurde zum heiligen Opfer für den Kriegsgott: Der FLAMEN MARTIALIS tötete es mit einem Speer. Dann wurde es sehr schnell in drei Teile zerlegt:

Der *Kopf* wurde mit Broten umlegt und entweder zum Mamilliaturm oder zur Regia gebracht. Der Gebrauch von Brot lässt auf eine Form von Erntedankopfer für den von Mars gewährten Schutz schließen.

Der noch blutende *Schwanz* wurde, so schnell ein Läufer es vermochte, in die Regia gebracht, damit das Blut in das dort brennende heilige Feuer tropfen konnte. Für die Verwendung der daraus entstehenden Asche gibt es einige Spekulationen, am häufigsten wird eine Verarbeitung im Reinigungsweihrauch der Vestalinnen genannt.

Der Rest wurde wie bei Opfern üblich zubereitet und verzehrt.

Am 19. Oktober wurde die Militärsaison mit der feierlichen Reinigung der Waffen beendet, dem Armilustrium. Es war ein weiterer „religiöser Tag", an dem Mars an einem Altar auf dem Aventin geopfert wurde und die Salier tanzten.

Aus der Tatsache, dass die wichtigsten kalendarisch festgelegten Marsrituale dem Militär galten, zog der französische Religionswissenschaftler Dumézil den Schluss, Mars sei ein reiner Kriegsgott gewesen ohne Bezug zur Landwirtschaft.

Über diese im Kalender als festgesetzt verzeichneten Anlässe hinaus gab es weitere Mars-Rituale, die je nach Bedarf eingesetzt wurden.

Suovetaurilia waren Opfer von männlichen Tieren zu Ehren von Mars. Es wurde jeweils ein Eber (SUS), ein Widder (OVIS) und ein Stier (TAURUS) dargebracht. Neben den unten beschriebenen Gelegenheiten galt es als generelles Sühne- und Reinigungsritual z. B. nach Tempelschändungen durch Feinde. Je nach Gewicht der Angelegenheit wurden Milchtiere (SUOVETAURILIA LACTENTIA), Jährlinge (SUOVETAURILIA MINORA) oder erwachsene Tiere (SUOVETAURILIA MAIORA) geopfert. Eine Fleischbeschau nach der Schlachtung ergab, ob das Opfertier fehlerlos war und das Opfer damit gültig, ansonsten musste es wiederholt werden.

Bei Cato dem Älteren ist beschrieben, wie es als Frühlingsopfer der

SUOVETAURILIA

Bauern durchgeführt wurde: Ein Ferkel, ein Lamm und ein Kalb wurden einmal um den gesamten Besitz geführt und dann in einer feierlichen Zeremonie dem Mars geweiht und geopfert. Das Ritual wurde vom Hausvater durchgeführt und diente der rituellen Reinigung der Felder nach dem Winter und der Verpflichtung von Mars als Schutzgott an den Grenzen des Anwesens.

Alle fünf Jahre fand eine vergleichbare Zeremonie für die gesamte Bevölkerung Roms auf dem Marsfeld statt (LUSTRUM). Alle Bürger Roms mussten auf der Freifläche zusammenkommen; sie traten in Abteilungen nach den Wohnquartieren an. Dann wurden sie gezählt und die Daten für die Steuerschätzung notiert. Die Opfertiere waren hier ein erwachsener Eber, ein Widder und ein Stier. Nachdem man sie um das gesamte Volk (Frauen und Sklaven gehörten nicht dazu) herumgeführt hatte, wurden sie vom FLAMEN MARTIALIS geopfert.

Zur Zeit der frühen Republik wurde dieselbe Zeremonie vor dem Auszug der Bürgerwehr zu einem Feldzug auf dem Marsfeld mit Umrundung des angetretenen Heeres durchgeführt.

In der kaiserzeit war ein SUOVETAURILIA-Opfer festgelegter Bestandteil der Triumphzüge.

VER SACRUM (Heiliger Frühling) war im alten Rom ein Opfer für das gesamte Staatswesen in höchster Not. Es soll zum letzten Mal im Jahr 217 v. Chr. nach der Niederlage von Cannae durchgeführt worden sein. Alle Tiere, die im März und April dieses Jahres geboren wurden, waren dem Mars geweiht und mussten geopfert werden. Dieses umfassende Opfer soll am Ende zum militärischen Erfolg im 2. punischen Krieg geführt haben.

Georges Dumézil hat die Hypothese aufgestellt, dass der VER SACRUM ein allgemeiner indogermanischer Brauch war, der auch bei Kelten und Germanen geübt wurde: Wenn ein Stamm für sein Gebiet zu groß wurde, rief man einen „Heiligen Frühling" aus. Alle jungen Männer eines bestimmten Jahrgangs, meistens 20 oder 21 Jahre alt, wurden einem Gott geweiht, ebenso alle Tiere, die in einem

Georges Dumézil (1898 – 1986) war ein französischer Religionswissenschaftler und Soziologe, der die archaische römische Religion erforschte und in Zusammenhang mit anderen indogermanischen Überlieferungen brachte.

Wolf, Leittier der Römer, nach Dumézil

bestimmten Zeitraum geboren waren. Im frühen Italien war dies der Gott Mamars, dessen Name später zu Mars verkürzt wurde.

Diese Gruppe wurde dann aus dem Stamm ausgestoßen, wählte sich einen Anführer und zog davon, um einen neuen Stamm zu gründen. Die geweihten Tiere waren dabei eine Art Mitgift. Mars galt als Garant für Gerechtigkeit innerhalb der Gruppe bei der Landnahme und Verteilung des neuen Stammesgebiets. Aus dem Alter der Ausziehenden kann man schließen, dass es sich um verheiratete Männer handelte, also ganze Familien wegzogen.

Die ausziehende Gruppe wählte sich ein dem Mars heiliges Tier als „Führer". Sie folgten ihm und steckten dort, wo es sich in der Wildnis nieder ließ, ihr neues Gebiet ab.

Oft benannten sie den neuen Stamm nach diesem Totemtier.

So sollen benannt sein:
- Die **Hirpiner** nach HIRPUS, dem Wolf,
- die **Piciner** nach PICUS, dem Specht,
- die **Vulturer** nach VULTUR, dem Geier,
- die **Äquer** oder **Äquicoler** nach EQUUS, dem Pferd.
- Die **Samniten** sollen von einem Stier geleitet worden sein, weshalb ihre Hauptstadt nach lat. BOS (Rind) BOVIANUM genannt wurde, gegründet auf dem Hügel, zu dem das Tier sie geführt hatte.
- Die sizilianischen **Mamertini** führten ihren Namen direkt auf den Gott Mars zurück

Dumézil behauptet, auf der Basis dieser Hypothese auch Indizien dafür zu erkennen, dass die Gründung Roms auf einem VER SACRUM beruhte und Romulus der Anführer der Gruppe war.

Die von Livius berichtete römische Version des VER SACRUM im Jahr 217 v. Chr. bestand – wie üblich – aus einem Gelübde gegenüber Mars und der Opferung aller im März und April dieses Jahres geborenen Tiere auf dem Marsfeld. Livius hebt ausdrücklich hervor, dass man auf Menschenopfer verzichtet habe. (LIVIUS XXXIII)

Bei der Darstellung aller dieser Rituale wird die Wichtigkeit von Mars für die Römer deutlich. Er war nicht einfach nur MARS GRADIVUS, der Gott, der im Krieg voranschritt, er war anschließend auch Garant für die Grenzen. Augustus machte ihn als MARS ULTHOR zum Rächer des Mordes an Caesar.

Seine wichtigste Funktion scheint jedoch bei den regelmäßigen Reinigungen sowohl der Soldaten als auch des Kriegsmaterials gewesen zu sein: Alle Greuel, die der Krieg mit sich bringt, werden entfernt und vor allem die beteiligten Menschen bleiben unbefleckt. Auch wenn die soziale Bedeutung für das Gemeinwesen nach Aufgabe der Bürgerarmee abnahm, blieben die Rituale bestehen. Mit ihrer Hilfe waren sich die Römer sicher, nur gerechte Kriege geführt zu haben und mit Recht über fast die gesamte bekannte westliche Welt zu herrschen.

Der astrologische Mars

Der schwedische Naturforscher Karl von Linné (1707-1778) führte das astronomische Zeichen für Mars als Markierung „männlich" und das Zeichen für Venus als „weiblich" in die Biologie ein.

Sucht man heuzutage in einschlägigen Lexika nach dem Stichwort „Mars", so wird zuerst der vierte Planet unseres Sonnensystems angegeben. Diesen Namen trägt der „rote Planet" seit römischen Zeiten. Das auch in der Astronomie gebrauchte Kürzel ist ein Kreis mit einem Pfeil nach rechts oben ♂, dasselbe Zeichen, das in der Biologie für männlich verwendet wird.

Als Erklärung für diese Glyphe kann man sich gut vorstellen, dass hier ein von der Materie (Kreis) ausgehender Impuls (Pfeil) bildlich dargestellt ist. Dies ist auch der grundsätzliche Gehalt des Planetensymbols Mars in der Astrologie, wie er heute verstanden wird. Mars symbolisiert die Antriebsenergie, die jedem Menschen inne wohnt.

> Für jede Aktivität wird Energie benötigt, ohne die nichts unternommen werden kann.

Der astrologische Mars herrscht im Zeichen Widder. Dort hält sich die Sonne ab der Tagundnachgleiche im März für ca. 30 Tage auf. Widder ist also das erste Frühlingszeichen, das Zeichen für Aufbruch und Neubeginn.

Es handelt hier sich nicht um die Vitalität, die der Sonne zugeordnet ist, sondern um die Kraft zum Aufbruch, zum Voranschreiten. Mut und Ehrgeiz sind Zeichen dieser Energie, aber auch blindes Losstürmen und Aggression. Die Konkretisierung des marsischen Impulses lässt sich über die mehr als 2000 Stichworte zu Mars im „Handbuch der astrologischen Zuordnungen" erfahren.

Die Stellung des Mars im individuellen Horoskop zeigt nicht nur die Stärke der vorhandenen Marsenergie an, sondern auch, wie sie realisiert werden kann. Da Marsenergie aus der Materie resultiert, wird sie in der Regel im körperlichen Bereich ausgelebt. Die „Erfindung" von Sport im 19. Jahrhundert kann man sich gut als Reaktion auf die Einführung von immer mehr kraftsparenden Maschinen in der Arbeitswelt vorstellen. Sport gleicht heute für viele Menschen den fehlenden Krafteinsatz bei der Arbeit aus. Leistungssportler verfügen in der Regel über einen überdurchschnittlich hohen Pegel Antriebsenergie.

Wieviel positiv eingesetzte Marsenergie leisten kann, zeigt das Horoskop von Mahatma Gandhi. In seinem Geburtsbild wird ein besonders hohes Potential angezeigt. Ohne diese innere Kraft wäre der Lebensweg des Friedenskämpfers gar nicht möglich gewesen.

Blockierte Marsenergie kann sich als Neigung zu unvermittelten Ausbrüchen von Aggressionen gegen Umwelt und Mitmenschen („Jähzorn") zeigen, aber auch als Selbstzerstörung in Form von Selbstbeschädigung („Ritzen") oder unbedachter Tollkühnheit. Zwar nicht blockiert, aber dennoch unproduktiv eingesetzt zeigt sich das Marspotential, wenn kein Durchhaltevermögen für begonnene Vorhaben vorhanden ist, sondern immer wieder Neues angefangen und unbeendet liegen gelassen wird.

Mutiges Verhalten ist zwar durchaus ein Zeichen von aktiver Marsenergie, aber im positiven Fall nicht ohne Abschätzung des Risikos, das dann durch entsprechende Vorkehrungen entsprechend vermindert wird.

Da in Mitteleuropa jetzt erstmalig seit mehr als fünfzig Jahren kein Krieg mehr stattgefunden hat (und absehbar auch nicht stattfinden wird), muss sich die dabei in der Vergangenheit realisierende Marsenergie in anderer Form verwirklichen. Der Astrologe Manfred Michael Herm hat in seinen

Vorträgen zur Mundanastrologie bereits vor zwanzig Jahren darauf hingewiesen, dass das kollektive und individuelle Energiepotential, die Marsenergie, im Frieden nicht einfach verschwindet. Wie bereits erwähnt, ist sicher der Massensport eines der Ventile dafür. Aber auch negative Entwicklungen wie z. B. aggressive Hooligans, Amokläufe und Handgreiflichkeiten bei den unterschiedlichsten Gelegenheiten gehen auf die Rechnung der Marsenergie, für deren positives Ausleben gesellschaftliche Lösungen gefunden werden müssen.

Das Planetensymbol Mars steht aber auch für den Aufbruch ins Unbekannte, den Wunsch Neues zu entdecken und die Unfähigkeit immer nur im gleichen Trott zu leben. Dies macht Menschen mit hoher Marsenergie zu Impulsgebern in der Gesellschaft, ohne sie gäbe es keine Weiterentwicklung.

In der Alchimie bezeichnete ♂ nicht nur den roten Planeten, sondern auch das ihm zugeordnete Metall Eisen, das Grundmaterial von Kriegswaffen..

Zusammenfassung

Der Archetypus Mars in der modernen westlichen Astrologie hat nur wenig mit dem römischen Kriegsgott Mars gemeinsam. Aber im MARS GRADIVUS, dem einer Truppe voranschreitenden, kann man eine Ähnlichkeit durchschimmern sehen. Die in der römischen Vorstellung zentrale Funktion des aktiven Beschützers nach außen wird bis jetzt vom astrologischen Marssymbol nicht abgedeckt, ist aber auch in keinem anderen Planetensymbol enthalten.

Möglicherweise ist dies ein Spiegel der gesellschaftlichen Verhältnisse: Wie die Ereignisse rund um Spionage und Computerkriminalität in den letzten Jahren gezeigt haben, sind wir Ausspähungen von außen bis ins Privatleben offensichtlich schutzlos ausgeliefert. Zwar geht es dabei selten um physische Bedrohung, aber Beeinflussung unseres Verhaltens und Steuerung unserer Bedürfnisse bis hin zur sogenannten „Gehirnwäsche" liegen durchaus in der Absicht der Initiatoren. Verteidigung hier wäre das neue Betätigungsfeld für nicht mehr benötigte (Kriegs-)Energie. Aber das seit Jahrhunderten für Angriff verwendete Marspotential lässt sich wohl nicht innerhalb weniger Jahrzehnte „umpolen", zumal viele Staaten außerhalb Europas einen solchen Wandel noch gar nicht angetreten haben.

Wie kriegerische Marsenergie ungewollt immer noch durchschlägt, spiegelt sich zum Beispiel in der deutschen Bundeswehr, die dezidiert als Verteidigungsarmee gegründet wurde, in ihrer Bewaffnung aber teilweise doch wieder für Angriff gerüstet ist.

Dem zu entgegnen liefert die römische Religion Hinweise, in welche Richtung die Verwendung der vorhandenen Kräfte gehen könnte. Die Römer haben ihren „sozialen" Mars erfolgreich gegen den hirnlos voranstürmenden Ares verteidigt, der teilweise in böser Absicht handelte. Die Aufgabe unserer Gesellschaft ist es individuell und kollektiv, der vorhandenen Marsenergie Kanäle zu zeigen, wie sie als Sport, als Umweltaktivität, als Neuerungsbewegung usw. gelebt werden kann, ohne negative aggressive Seiten zum Ausbruch zu bringen. Die Astrologie kann dabei mit individueller Beratung und mundanen Analysen Hilfestellung leisten.

Einige Zuordnungen zum Planetensymbol Mars als Facettenmodell

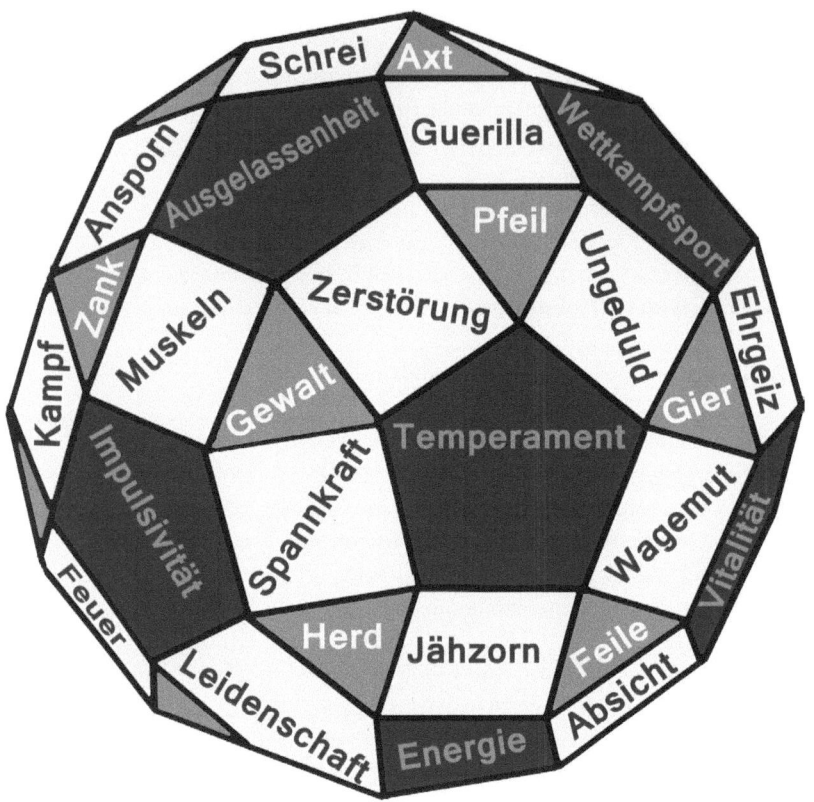

Dieser Abschnitt fußt schwerpunktmäßig auf folgender Literatur, mit deren Hilfe man sich weitergehend informieren kann:

Dumezil, Georges, Archaic Roman Religion, aus dem Französischen übersetzt von Philip Krapp, Baltimore 1996.

Gerlach, Wolfgang (Hrsg.), Publius Ovidius Naso. FASTI, Festkalender Roms, München 1960.

Müller, Volker, Römische Religionsgeschichte, Universität München, Fachdidaktik klassische Philosophie, WS 2010-11.pdf

Radke, Gerhard, Zur Entwicklung der Gottesvorstellung und der Gottesverehrung in Rom, Darmstadt 1987.

Jupiter

Vorgeschichte

Der fünfte und größte Planet unseres Sonnensystems hieß bei den Sumerern **sag.me.gar** (Bedeutung unbekannt) und bei den Babyloniern **mul.bab.bar** (weißer Stern). Es war der Stern des Gottes Marduk, Stadtgott von Babylon und oberster Gott des babylonischen Pantheons. Marduk ist derjenige, der die Erde geschaffen hat. Dazu hat er seine Großmutter Tiamat getötet und aus ihrem Körper die Welt geschaffen. Auch die Menschen sind nach einigen Versionen des mesopotamischen Schöpfungsmythos seine Geschöpfe.

Er ist Herr über die Naturgewalten, gebietet den vier Winden, dem Feuer und den Blitzen, aber seine stärkste Waffe ist die Flut.

In den Beschreibungen wirkt er häufig wie ein gewalttätiger Tyrann über Götter und Menschen.

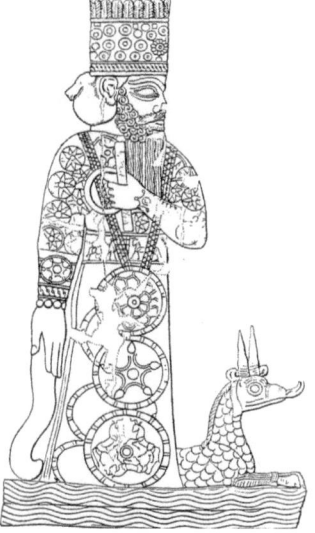

Marduk mit seinem Wasserdrachen

Nach dem mesopotamischen Schöpfungsmythos werden Marduk die Schicksalstafeln anvertraut, welche die Geschichte der Welt bestimmen

Hor-wepesch-taui
Jupiter-Hieroglyphe
Altes Reich

In Ägypten wird der Planet um 1450 v. Chr. als hor-wepesch-taui „der den Himmel erleuchtet" in Inschriften genannt. Als Gottheit war ihm möglicherweise Osiris zugeordnet. Es gibt auch Hinweise auf eine Verbindung zu Re. Als ein relativ helles Gestirn war dieser Planet den Ägyptern aber schon lange bekannt.

Bei den Griechen hatte der 5. Planet den Trivialnamen Phaethon (der Strahlende).

Da es aber in der Mythologie auch die Gestalt Phaeton als Sohn von Helios gibt, ist der Planetenname möglicherweise ein Übersetzung aus dem Ägyptischen.

Nachdem die Astrologenschule des Berosos mit dem entsprechenden babylonischen Einfluss an Wirksamkeit gewann, wurde der Planet als Analogon zu Marduk zum Stern des Zeus.

Im Rahmen der Graezisierung der römischen Religion wurde der römische Gott Jupiter ihm gleichgesetzt.

Nach der griechischen Mythologie war Phaeton ein junger Mann, der den Sonnenwagen seines Vaters Helios zu steuern versuchte und dabei eine Katastrophe auslöste. In modernen Vergleichen bezeichnet sein Name ein Sinnbild für Selbstüberschätzung.

IUPPITER als römischer Gott

Aus sprachwissenschaftlichen Forschungen stammt die Hypothese, dass sich ein allgemein verbreiteter indogermanischer Himmelsgott *dieu aus der Übereinstimmung des griechischen Zeus mit dem indischen Dyaus, latein. Iuppiter, german. Tyr, Ziu erschließen läßt.

Ein oberster Himmelsgott DIU, DIOVIS scheint allen italischen Völkern gemeinsam gewesen zu sein, er kann weder Oskern, noch Sabellern, Umbrern oder Latinern exklusiv zugeordnet werden. Allerdings gibt es die Verbindung mit -PATER (-vater) zu IUPPITER nur bei Römern und Umbrern.

IUPPITER (manchmal auch IUPITER) ist der oberste Gott des römischen Pantheons. In der bildenden Kunst, insbesondere den von etruskischen Meistern erstellten Standbildern, und in literarischen Erzählungen wird er dem griechischen Zeus gleichgestellt. Im Kult behält er jedoch seine Eigenart.

Nicht nur Lateinschüler stolpern über den Umstand, dass der höchste Gott der Römer anscheinend zwei Namen hat (s. Tabelle rechts).

Als Titel und in den Anrufungen ist er *der Himmelsvater*, IUPPITER; sprachlich eingebunden in Formulierungen wird IOVIS verwendet, das sich aus dem Altlateinischen DIOVIS „zum Tag gehörend" entwickelt hat. Passend dazu ist die Redewendung SUB IOVE „unter freiem Himmel".

Lateinischer Sprachgebrauch		
Fall	**Deutsch**	**Lateinisch**
Nominativ	der Jupiter	IUPPITER
Genitiv	des Jupiters	IOVIS
Dativ	dem Jupiter	IOVI
Akkusativ	den Jupiter	IOVEM
Ablativ	durch Jupiter	IOVE
Vocativ	O Jupiter!	IUPPITER

Im Namen hervorgehoben wird in jedem Fall, dass Jupiter ein Gott des Lichtes und des Himmelsgewölbes ist. Dies wird besonders durch den Beinamen IUPPITER LUCETIUS (der Leuchtende) ausgedrückt, der hauptsächlich religiösen Zeremonien vorbehalten war.

Jupiter wurde wohl bereits von den Italern der Jungsteinzeit verehrt, davon zeugt der Gebrauch von Feuersteinmessern bei ihm unterstellten Vertragsbesiegelungen, eine archaische Form, die Kupferzeit, Bronzezeit, und die Einführung von Eisengeräten überdauerte.

Feuerstein ist ein hartes Silicit, das verwendet wurde, um aus Pyrit Funken zum Feuermachen herauszuschlagen. Dies passt genau zu einer Gottheit, deren Erkennungszeichen der Blitz ist.

Feuerstein (Silex)

Dabei scheint der Gott mit dem Stein identifiziert worden zu sein, denn man schwor bei solchen Gelegenheiten PER IOVEM LAPIDEM „bei Jupiter dem Stein". Der Ablauf einer solchen Zeremonie ist auf S. 82 dargestellt.

In der Identifikation von Jupiter mit dem Feuerstein kann man eine Parallele zu Mars als Speer sehen

Als höchstem Gott eines agrarischen Volkes unterstand ihm natürlich die für Bauern wichtigste Naturerscheinung: Das Wetter. Er schickte Blitze (IUPPITER FULGUR), Donner (IUPPITER TONANS), Sonnenschein (IUPPITER SERENUS) Winde und Regen (IUPPITER PLUVIALIS). Deshalb wurde er bei allen religiösen Zeremonien der Landbevölkerung mitbedacht.

Wenn ein Gewitter mit Blitz und Donner niederging, so grollte er. Erst nachdem die etruskische Lehre von den Vorhersagungen durch Blitzbeobachtung in Rom eingeführt worden war, betrachtete man diese Naturerscheinung differenzierter. Das Bündel Blitze blieb jedoch Jupiters Attribut, Stellen, in die ein Blitz gefahren waren, galten als dem Gott heilig und wurden in einer besonderen Zeremonie geweiht.

Auch seine zweite althergebrachte Zuständigkeit resultiert aus dem Bauernleben: Die Grenzsteine. Nichts ist für einen Bauern wichtiger als die Abmessung seiner Felder und die wurde durch entsprechende Steine markiert. Da Jupiter von Beginn an als Schutzherr der Stadt Rom galt, wurde seine Präsenz in der Stadt durch entsprechende Steine symbolisiert. In Rom gab es drei dem Jupiter heilige Steine:

- Der LAPIS TERMINALIS im capitolinischen Jupitertempel, angeblich bereits vor dem Tempelbau dort stehend. Da er sich nicht bewegen ließ, wurde der Tempel um ihn herum gebaut und im Dach eine Öffnung angebracht, damit er „im Freien" stand. Er gilt als Wächter der Stadtgrenze; manche Autoren behaupten, es handele sich um einen Vorläufer-Gott von Jupiter.
- Der LAPIS MANIALIS („der Stein zum Fließen") wurde beim AQUAELICIUM (eine Regen-Beschwörungszeremonie) gebraucht; um Dürreperioden zu beenden, wurde der normalerweise an der Via Appia aufgestellte Stein durch die Stadt getragen. In der Kaiserzeit war das Ritual aber bereits in Vergessenheit geraten.
- Der TERMINUS SANCTUS (heiliger Grenzstein), der 6. Meilenstein an der VIA LAURENTINA, der als symbolische Stadtgrenze galt. Religionswissenschaftler sind sich uneins, ob Terminus ein eigener, ursprünglich sabinischer Gott oder die Personifikation einer Funktion von Jupiter war. Für beides gibt es Hinweise.

Alle Steine standen unter freiem Himmel.

Personifizierter Terminus

Im Gegensatz zu seinem griechischen Pendant Zeus hat Jupiter es offensichtlich nicht nötig, seine Männlichkeit physisch zu beweisen. Er ist Junggeselle.

Natürlich kann der oberste Gott in einer von Männern dominierten Welt nur männlich sein – aber weder in mythologischen Erzählungen noch im Ritus wird das von den Römern irgendwo betont. Dies ist umso bemerkenswerter, als die Verehrung des italischen Himmelsgottes bis in die Jungsteinzeit zurückverfolgt werden kann, also bis in die Zeit des Magna-Mater-Kultes.

Als oberster göttlicher Hüter der Stadt und ihrer Bewohner wurde er als IUPPITER OPTIMUS MAXIMUS angesprochen.

Der älteste römische Jupiter-Tempel soll von Romulus auf dem Capitol errichtet und dem IUPPITER FERETRIUS geweiht worden sein. Über die Bedeutung dieses Beinamens wurde bereits in der Antike von verschiedenen Autoren spekuliert, aber sie blieb unbekannt.

Angebliche Ruinen des Jupiter-Feretrius-Tempels

Mythologische Reste

Seinen Willen konnte der Gott im Vogelflug und in Form von Blitzen kundtun, beides Erscheinungen am Himmel. Zur Deutung der göttlichen Zeichen gab es ein spezielles Priesterkollegium, die Auguren. Ihr Amtsstab war der Krummstab, LITUUS.

Soweit sich aus den erhaltenen Riten schließen lässt, war Jupiter zunächst der Gott alles dessen, was vom Himmel kommt, Licht und Regen zur richtigen Zeit, Vogelflug und Blitze, aber auch Gewitter, Sturm und wahrscheinlich auch Hagel. Die Opfer anlässlich der verschiedenen bäuerlichen Feste sollen ihn bewegen, von schädlichen Aktionen Abstand zu nehmen.

Die Einbeziehung von Jupiter in alle Rituale zugunsten von Feldfrüchten und guter Ernte haben in der Vergangenheit dazu geführt, ihn auch als Vegetationsgott zu sehen. Dies ließ sich jedoch nicht wirklich belegen, die Opfer an Jupiter bei allen ländlichen Ritualen werden heute damit begründet, dass er als höchster Gott des Pantheons grundsätzlich berücksichtigt werden musste.

Plinius nennt mit Bezug auf Varro die Besänftigung von Stürmen als eigentlichen Zweck der Vinalia im August (nach Dumézil, S. 184)

Alle archäologischen Zeugnisse der Jupiterverehrung stammen jedoch nicht aus ländlicher Umgebung, sondern aus Städten. Dort standen die Jupitertempel, in denen er als anwesend gedacht wurde. Im Gegensatz zum höchsten Gott der Etrusker, Tinia, hat Jupiter keinerlei Beziehung zur Unterwelt.

Auch wenn Jupiters Name ihn als indoeuropäischen Himmelsgott ausweist, sind seine Erscheinungsformen bei den Altitalern eher der Erde zugewand. Er wohnt nicht abgehoben auf einem Olymp, also quasi *zwischen* Himmel und Erde, sondern in Tempeln inmitten der menschlichen Siedlungen. Zwar wurden die Tempel in der Regel auf dem höchsten Punkt des

Gemeinwesens erbaut, dies ist aber eine Anordnung, die in vielen Kulturen bei heiligen Stätten und auch für christliche Kirchen häufig zu finden ist.

Städte waren in der Antike meist nach heutigen Maßstäben kleine Siedlungen mit selten mehr als 2000 Einwohnern, die sich von Dörfern dadurch unterschieden, dass die Bewohner sich mehrheitlich nicht von Landwirtschaft ernährten, sondern Handel trieben oder ein Handwerk ausübten. Zentrale Heiligtümer, eine Stadtmauer und Verwaltungsstrukturen (König, Beamte) konnten außerdem zur Klassifizierung einer Siedlung als Stadt beitragen.

Der Monte Cavo, zentraler Gipfel der Albaner Berge. Auf seinem Gipfel stand in der Antike der Tempel des JUPITER LATIARIS, über die Hänge des Berges zog sich die Stadt ALBA LONGA.

Aber der Gott konnte sich auch in Menschen manifestieren, diese verkörperten dann für eine gewisse Zeit Jupiters Größe und Macht. In der Legende soll dies mit Romulus geschehen sein, als er in einer Schlacht während der Kriege zwischen Latinern und Sabinern den IUPPITER STATOR anrief. Auch beim Triumphzug war der Triumphator eine Verkörperung der Gottheit, er trug die Kleidung der Götterstatue, hielt ihre Herrschaftsinsignien in den Händen und fuhr auf einer Quadriga stehend auf der VIA SACRA zum Jupitertempel auf dem Kapitol – quasi nach Hause.

Livius berichtet, Romulus habe TAMQUAM CAELESTI VOCE „wie mit himmlischer Stimme" das Heer zum Widerstand und letztlichen Sieg gerufen (ab urbe condita I, 12)

Die vielerlei Vorschriften, denen der oberste Jupiterpriester, der FLAMEN DIALIS unterlag, machen deutlich, dass dieser bei Amtshandlungen als Gott Jupiter handelte. Dafür durfte er mit nichts Irdischem „befleckt" werden. Die rituelle Reinheit, die für andere Priester während eines Opfers galt, war dem FLAMEN DIALIS Dauerzustand. Für seine Lebensführung gab es unzählige Vorschriften, die alle seiner „Heiligkeit" galten, die durch einen Zustand fortwährenden Feiertags befestigt werden sollte. Selbst der Anblick arbeitender Menschen war ihm verboten; ein Ausrufer musste ihm vorangehen, damit jede Arbeit eingestellt wurde, wenn er vorüber ging.

Die Vorschriften bezogen auch seine Familie ein. Sowohl er als auch seine Frau mussten aus einer Konferrations-Ehe stammen und selbst auch nach diesem Ritus verheiratet sein. Seine Gemahlin, die FLAMINICA hatte ebenfalls religiöse Pflichten, sowohl bei Opferhandlungen als auch beim öffentlichen Auftreten ihres Mannes.

Obwohl das Amt des FLAMEN DIALIS eigentlich lebenslänglich galt, musste er zurücktreten, wenn seine Frau starb.

Eine Ehe konnte in drei Formen geschlossen werden:
COEMPTIO („Kauf") Symbolischer Verkauf der Tochter durch den Vater vor Zeugen.
COHABITATIO bzw. USUS Bestätigung einer bestehenden Verbindung durch eine öffentliche Rede des Bräutigams.
CONFARREATIO Eheschließung als sakraler Akt unter Opferung eines Weizenspeltkuchens, in Gegenwart des PONTIFEX MAXIMUS und weiterer Zeugen.

Ohne Mythen über Jupiter muss man über dokumentierte Beinamen indirekt seine Bedeutung erschließen. Dabei kann man vier Gruppen unterscheiden:

Beinamen der Ehrung (COGNOMINA HONORIS):

OPTIMUS MAXIMUS abgekürzt O. M. wird als Zusatz bei den Beinahmen der Ehrung fast immer hinter die Bezeichnung gesetzt. Als permanente Wiederholung wird es hier nicht aufgeführt.

Beiname	Übersetzung	Bedeutung
OPTIMUS MAXIMUS	höchster größter	allgemeine ehrende Anredeformel
AEDES	Zeitalter	das Zeitalter regierender
CAELESTIS	himmlischer	Himmelsgott
CULMINALIS	kulminierender	an der Spitze stehender
DAPALIS	speisender	Speiseopfer-Empfänger
DEFENSOR	Verteidiger	höchster, mächtigster Verteidiger
DEPULSOR	zurückwerfender	die Feinde zurückwerfender
EPULUS	bewirteter	als geehrter Gast bewirteter
ELICIUS	herabgezogener	aus dem Himmel herabgestiegener, verehrt im Tempel auf dem Aventin
EXSUPERANTISSIMUS	herausragendster	über Allem Herausragender
FRUGIFER	fruchtbarer	
IMPULSOR	anstoßender	Antrieb schenkender
INVICTUS	unbesiegbarer	
LUCETIUS	lichttragender	Lichtträger
MAIUS	höchster	
MEILICHIOS	honigsüß	wie Honig Süßer
MONITOR	Warner	Oberster mächtigster Warner
OPITULATOR	Helfer	Nothelfer
PANTHEUS	allumfassend	Der alle Götter in sich vereint
PATER PATRATO	Vater, väterlich	Vater aller Väter
PRAESTES	übertreffend	Alles übertreffender
PROPAGATOR	Ausbreiter	höchster Ausbreiter, Erweiterer
PURPURIO	purpurgeschmückt	Oberster höchster Purpurträger (ein Herrschermantel war purpurn)
SALUTARIS	heilbringender	Oberster Heil Bringender
SEMPITERNUS	ewiger	
SERVATOR	Erhalter	
SOTER	Retter	
SUMMUS	oberster	Oberster Gott des Pantheons
VALENS	Wert besitzend	Oberster Wertvoller

Beinamen des Handelns (NOMINA ACTIONIS):

Beiname	Übersetzung	Bedeutung
ADVENTUS	Kommender	der Kommende (erhoffte)
ALMUS	Tröstender	Trostspender
AMARANUS	Bitterer	(Weg-)Träger der Bitterkeit
COHORTALIS		Beschützer der Kohorte
CONSERVATOR	Beschützer	Beschützer und Erhalter
CULTOR	Bediener	der den Dienst entgegennimmt
CUSTOS	Türhüter	Hüter der (Eingangs-)Tür
FARREUS	ehestiftender	Empfänger des Brotopfers als Garant der Konfarrationsehe
FERETRIUS	beutetragender (?)	Empfänger der dem Anführer der (besiegten) Feinde abgenommenen Rüstung
FIDIUS	getreuer	Garant der Einhaltung von Vereinbarungen/Verträgen
FULGUR, FULGURATOR, FULMINATOR	Blitz, Blitzschleuderer	zeigt seinen Willen im Blitz, schleudert tagsüber Blitze
INDIGES	Zeugender	Urvater
INVENTOR	Erfinder	
IURARIUS	Besiegler	der die Eide schützt
IUTOR	Richter	
IUVENTAS	Jugend	Beschützer der Jugend
LAPIS	Stein	fest wie der heilige Jupierter-Stein
LIBERATOR	Befreier	ursprünglich Befreier vom Winter
PATRONO	Patron	Schutzherr
PISTOR	Müller, Bäcker	Empfänger von Brotopfern (?)
PECUNIA	Geld	Beschützer oder Bringer von Geld
PLUVIUS, PLUVIALIS	Regen, regnender	Regenmacher
PREDATORE	erbeutender	Beute machender (für den Sieger)
PROPUGNATOR	Verteidiger	Jupiter der Krieger
PURGATOR	Rechtfertiger	Gerecht machender
RECTOR	Leiter	der die Richtung weist
REDUX	Veteran	Schirmherr der Veteranen
RESTITUTOR	Wiederhersteller	
RIGATOR, REGATUR	bewässernder	die Flur bewässernder
SENIO	6 beim Würfeln	Spielglück schenkender

Die hier aufgeführten **Beinamen des Handelns** zeigen ein umfassendes Bild von den Zuständigkeiten des römischen Jupiters.

Insbesondere die Wandlung vom Wettergott zum höchsten Stadtgott einer komplexen Gesellschaft wird deutlich.

Beiname	Übersetzung	Bedeutung
SERENUS, SERENATOR	heiterer, klarer	Gutes Wetter bringender (verehrt in Pesaro)
SOSPES	wohlbehalten	für Wohlfahrt sorgend
STATOR	stehend machender	schenkt Kraft und Stabilität im Angesicht von Widrigkeiten
TEMPESTANS	stürmend	Sturmgott
TERRITOR	Erschrecker	
TONANS, TONITRATOR	donnernd, Donnerer	Herr von (Blitz und) Donner
VERSOR	Wender	das Schicksal (zum Guten) Wendender
VICTOR	Sieger	Der zum Sieg verhilft
VINDEX	Bürge	Garant für die gerechte Sache

Beinamen des Ortes der Verehrung:

Beiname	Übersetzung	Ort der Verehrung
ANXUR		Volskisches Anxur (Terracina)
APENINUS	apenninischer	Bei den Sabinern in den Bergen
ARCANUS	heiliger	Heiligtümer von Praeneste
ATTINUS		Bei den Sabinern
BELENO		Bei den Palignern (Abruzzen)
CAELIUS		Tempel auf dem Caelius
CAPITOLINUS		Tempel auf dem Kapitol
CIMINUS		Tempel in Cimino
DOMESTICUS	häuslich	am häuslichen Familienaltar
ELIOPOLITANO		Heliopolis
FAGUTALIS	Buchen zugehörig	Tempel auf dem Esquilin (in einem Buchenhain)
FAZIUS	schicksalhaft (?)	Campanien
FISIU		Umbrien
FLADIUS, FLAGIUS	Flagge (?)	Cuma Capua
IGUVIUM		Stadtgott von IGUVIUM in Umbrien
LARENE		Bei den Palignern (Abruzzen)
LATIARIS, LATIUS	latinischer	Schutzgott der Latiner (Tempel auf dem Mons Albanus)
MOURCUS		Apulien

Hier drängt sich der Verdacht auf, dass die Bezeichnung IUPPITER nicht immer denselben, bestimmten Gott charakterisiert, sondern auch als genereller Titel für den jeweils höchsten Gott im lateinischen Sprachraum angesehen werden kann.

Beiname	Übersetzung	Ort der Verehrung
PAGANICUS	dörflicher	Bauerndörfer
PALENI		Bei den Palignern in Sulmo
RUMINUS	römischer	etruskische Bezeichnung des römischen Stadtgotts (Etruskisch steht u für o)
TIFATINUS		Campanien
VESUVIUS		Campanien
VIMINUS		Tempel auf dem Viminal

Beinamen der Gleichsetzung mit anderen Göttern
(INTERPRETATIO ROMANA):

Beiname	**Gottheit, mit der Jupiter gleichgesetzt wurde**
AMMONIO	In Libyen verehrte Form des Bacchus
ANTIPADRO	Enttroner des PATER SATURNUS
CACUNUS	Mythische Gestalt aus der vorrömischen Zeit
CLITUMNUS	Umbrischer Gott Cltunno
DIANUS	Zweigesichtiger Janus
DOLICHENUS	
LIBER	bäuerlicher Gott des Wachsens und Sprießens, später gleichgesetzt als IUPPITER LIBERATOR = Befreier
SABATIO	Stadtgott von (Anguillara) Sabazia
SERAPIS	Reichsgott der Ptolemäer
SCOTIA	Verehrungsform von hekate in Ägypten
SOTER	vermuteter Zusammenhang mit einem Sonnengott
SUCCELLUS	Keltischer Gott Sucellus
SUMMANUS	zunächst Gegenspieler des Tag-Gottes Jupiters als nächtlicher Blitzeschleuderer
TERMINUS	Gott der Grenzen; durch Einbeziehung des ihn verkörpernden Steines in den Jupitertempel auf dem Kapitol mit diesem gleichgesetzt.
VEIOVIS, VEDIOVIS	Ve-Iovis, möglicherweise unterirdischer Gott, die Bedeutung der Vorsilbe ist unbekannt.

Neben den Anrufungsformen, die Jupiter als Höchsten des römischen Pantheons hervorheben, zeigen die Handlungsnamen, dass es sich bei diesem Gott um den Garanten von Ordnung und Gerechtigkeit, Helfer für Schutzbedürftige, ideeller Führer und Glücksbringer handelt.

Dahinter bleibt die archaische Funktion des Wettergottes zurück, natürliche Entwicklung im Rahmen der Verstädterung der Römer. Trotzdem erhielt sich die tradierte Form der „Blitzbestattung", d. h. die Kennzeichnung eines durch einen Blitz getroffenen Ortes mit einem Grabmälern ähnlichen Stein (PUTEAL), der die Stelle als von Jupiter selbst in Besitz genommen markierte.

Im Gegensatz zu seinen astrologischen „Vorläufern" Marduk und Zeus hat der höchste Gott der Römer seine Position nicht durch einen Kampf gegen einen Vorfahrn gewonnen. Er ist überhaupt kein Kämpfergott, sondern bezieht seine Macht aus der Rolle als Hüter der gesetzlichen Ordnung. In dieser Funktion ist er Garant für Legitimität im römischen Staat und gleichzeitig dessen Erhalter.

> **Marduk** kämpft gegen seine Großmutter Tiamat und wird nach seinem Sieg von den übrigen „jüngeren" Göttern als oberster des Pantheons anerkannt.
>
> **Zeus** kämpft zusammen mit den von ihm befreiten Zyklopen und hundertarmigen Riesen gegen die Titanen unter Führung seines Vaters Kronos. Nachdem er diese besiegt hat, wird er oberster olympischer Gott.

Marduk kämpft

Möglicherweise war es die Absetzung Jupiters zugunsten von SOL INVICTUS als „Herrn des Römischen Reichs" (DOMINUS IMPERII ROMANI) im Jahr 274 n. Chr., die zum Niedergang der römischen Staatskultur führte und den Nährboden für das aufkommende Christentum bildete.

Ritus

Wie bereits erwähnt, wurde Jupiter als höchster Gott bei allen religiösen Zeremonien als anwesend in irgendeiner Form mitbedacht. Aber natürlich gab es auch Feste, die nur ihm galten.

Zentrale Person bei Jupiter-Ritualen war der FLAMEN DIALIS, nach dem REX SACRORUM der zweithöchste Priester auf dem Kapitol. Das Alter dieses religiösen Amtes ist aus den vielen teilweise archaischen und sogar widersprüchlichen Vorschriften zu erkennen. In Abweichung zu allen anderen Flamines trägt er nicht den Namen des von ihm vertretenen Gottes, sondern heißt wörtlich übersetzt „Hohepriester des Tages", so, als sei Jupiter selbst die Verkörperung des (hellen) Tages im Gegensatz zur Nacht.

> Der FLAMEN DIALIS war der einzige römische Priester mit politischen Rechten.
>
> » Er hatte einen Sitz im SENAT,
>
> » Er war berechtigt auf einem speziellen Amtsstuhl, SELLA CURULIS, zu sitzen.
>
> » Er wurde von einem persönlichen LIKTOR begleitet und
>
> » er durfte stets die mit Purpurstreifen eingefasste TOGA PRAETEXTA tragen.

FLAMEN mit der typischen Kopfbedeckung, dem APEX

Die IDUS IOVI bestimmten den Kalender in der Frühzeit. Damals waren Jupiter alle Vollmondtage heilig, die Tage, an denen es nicht dunkel wird. IDUS (oder EIDUS) bedeutete zunächst Teilung, d. h. die Teilung des Monats in zwei Hälften, später wurde es zur Vokabel für Vollmond. Bei den Iden handelt es sich also ursprünglich um die drei Tage, an denen der Mond voll erscheint. Sie wurden als Feiertage in die Mitte des kalendarischen Monats platziert.

Auch hier wird deutlich, dass es sich bei Jupiter um einen Himmelsgott, genauer, einen Gott des Hellen handelt. Der eigentliche Vollmondtag wurde nach Macrobius auch IOVIS FIDUCIA (Vertrauen in Jupiter) genannt. Das wichtigste Jupiter-Ritual an diesem Tag war die Opferung eines weißen männlichen Lammes durch den FLAMEN DIALIS in Anwesenheit des REX SACRORUM und anderer hoher Priester. Das Opfertier wurde zunächst auf der VIA SACRA durch die ganze Stadt zum Kapitol geführt und dort vor der ARX, der alten Burg, geopfert. Diese Platzierung zeigt an, dass dieses Rituals bereits vor dem Bau des Jupitertempels 506 v. Chr. stattgefunden haben muss.

Vollmond ist immer dann, wenn die Erde genau in der Mitte zwischen Sonne und Mond steht. Der Mond umrundet die Erde in 27,3 Tagen. Da sich aber inzwischen auch die Erde auf ihrer Umlaufbahn weiterbewegt, tritt Vollmond alle 29,53 Tage ein,

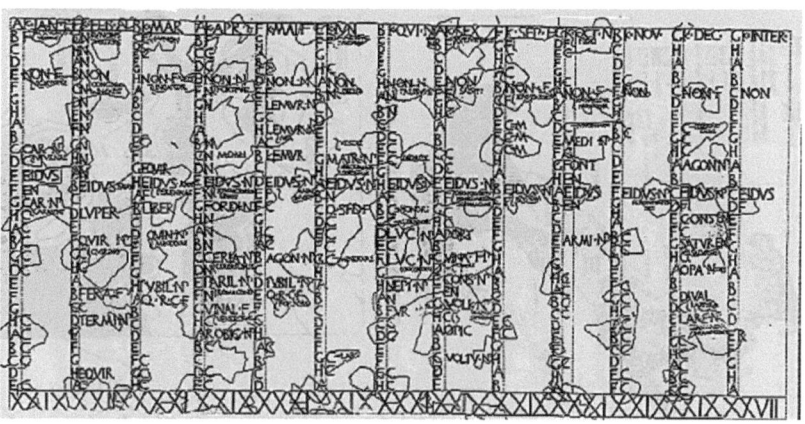

FASTI ANTIATES MAIORES
Fresko eines vor-julianischen Kalenders aus Neros Villa in Anzio

Bei diesem wohl ältesten Kalender-Dokument kann man jeweils in der Mitte des jeweiligen Monats den Eintrag EIDUS erkennen.

Der Tag war ein allgemeiner Feiertag, an dem die Arbeit auch für die Sklaven ruhte. Der Tag danach galt als besonders ungünstig für Geschäfte (DIES ATER).

Erst als durch eine Kalenderreform im 5. Jhd. v. Chr. die Orientierung am Mondzyklus aufgegeben worden war, wurde der Ausdruck IDUS für den 13. oder 15. Tag jedes Monats verwendet. Obwohl es sich nur noch jeweils um einen Feiertag handelte, blieb IDUS ein Wort, das es nur in der Mehrzahl (Pluralwort) gibt. In der Mitte **jeden Monats** gab es also einen Jupiter-Festtag. In den Monaten März, Mai, Juli und Oktober war dies der 15., in den übrigen der 13. Tag.

Man muss sich klar machen, dass die 7-Tage-Woche mit dem freien Sonntag erst 321 n. Chr. von Kaiser Konstantin eingeführt wurde.

Die häufigste Kalenderform in der Antike waren durchgehende Arbeitstage mit unregelmäßig über das Jahr verteilten Festtagen.

Darüber hinaus gab es weitere terminlich fixierte und unfixierte Festtage zu Ehren des höchsten römischen Gottes.

Vom 13. bis zum 15. Februar wurden die LUPERCALIA gefeiert, ein Mannbarkeitsritual, dessen Ursprung so weit in vorrömische Zeit reicht, dass vieles daran schon von den Römern nicht mehr verstanden wurde. Dabei war es Aufgabe des FLAMEN DIALIS zwei Ziegenböcke und einen Hund als Opfer zu schlachten. Dies ist umso bemerkenswerter, da Ziegen und alle ihre Produkte ansonsten für den Jupiterpriester tabu waren. Knaben, LUPERCI genannt, liefen mit Fell bekleidet durch die Stadt und schlugen Passantinnen, die sich dafür anboten, mit Fellstreifen.

Ein Trankopfer (LIBATIO) wurde normalerweise gebracht, indem man mit dem SIMPULUM, einem runden Schälchen mit langem Stiel, den Wein aus dem Mischkessel (CRATER) in die Opferschale (SIMPUVIUM) goß; als einfaches Ritual wurde aus dem eigenen Trinkbecher der erste Schluck auf die Erde gegossen.

Am 23. April wurden die VINALIA PRIORA gefeiert. Erst an diesem Tag durfte der Wein aus den Trauben des Vorjahrs in die Stadt gebracht werden. Der erste Becher wurde vom FLAMEN DIALIS als unvermischter Wein in einer besonderen Opferschale, der CALPAR dargebracht. Der Sakralwein wurde Jupiter geweiht, der Profanwein (meist gemischt und gewürzt) stand unter dem Siegel von Venus (s. Seite 48).

Am 5. Mai fand das Latinerfest im Tempel des JUPITER LATIARIS auf dem Monte Cavo statt. Dem Jupiter wurde ein Stier geopfert. Durch Größe und Reichtum der Gesandschaft rückten die beteiligten latinischen Städte ihre Macht und Stärke aus. Rom gewann schon früh eine besondere Stellung, da römische Priester entscheiden konnten, ob das Opfer gültig war oder nicht (Livius 41, 16, 2).

Am 5. Juli sind die POPLIFUGIA als Jupiterfest in die Kalender eingetragen. Über ihre Bedeutung wird viel spekuliert, dokumentiert ist nur das an diesem Tag erbrachte Opfer. Weiter liegt nichts Gesichertes vor.

Am 19. August wurden die VINALIA RUSTICA gefeiert. Der Flamen Dialis eröffnete die Weinlese, indem er gleichzeitig mit dem Opfer eines weiblichen weißen Schafes die erste Traube abschnitt, mit der Hand zerdrückte und den Saft gleichfalls als Opfer darbrachte. Auch dieses Weinfest galt zugleich Venus (s. Seite 48).

Da das Datum auch der DIES NATALIS (Geburtstag) des Tempels der VENUS OBSEQUENS ist, gibt es bereits bei römischen Schriftstellern unterschiedliche Angaben darüber, welche Gottheit hier zuständig sei. Der Einsatz des FLAMEN DIALIS macht dieses Ereignis doch auf jeden Fall zu einem Jupiter-Ritual. Eine religiöse Zeremonie zugunsten des Wettergottes ist aus den gesamten Umständen leicht erklärbar. Gutes Wetter – nicht zu nass, nicht zu trocken, keine Unwetter, kein Hagel – macht eine erfolgreiche Traubenlese erst möglich.

Architektonisches Bruchstück aus dem 1. Jhd. v. Chr.
Ernte der Trauben (rechts) und Saftgewinnung durch Stampfen (Mitte)

Außerdem ist nicht einzusehen, warum an diesem Tag nur eine Gottheit bedacht worden sein soll. Der gemeinsame Opfergraben zwischen Venus- und Jupitertempel auf dem Kapitol macht deutlich, dass es zwischen diesen beiden Gottheiten eine Verbindung gab, über deren Natur jedoch nichts mehr bekannt ist.

Am 7. Oktober war das Fest des JUPITER FULGUR ET TONANS, bei dem man mit vielerlei Instrumenten den Donner nachzuahmen versuchte. Dies soll der Hauptspaß und ein Anlass für richtige Krach-Wettbewerbe gewesen sein. Möglicherweise versteckt sich dahinter aber auch ein Beschwörungsritual gegen die im Herbst auftretenden stürmischen Gewitter.

Am 11. Oktober feierte man die MEDITRINALIA, das dritte Weinfest. Es wird angenommen, dass bei den damals üblichen Keltermethoden die erste Gärung des jungen Weins nun abgeschlossen war. Nur so lässt sich erklären, dass im Mittelpunkt dieses Festes eine Mischung aus „neuem und altem" Wein stand.

Der Name kommt wahrscheinlich vom Lateinischen MEDENDO (für das zu Heilende), später wurde in Nachfolge von SEXTUS POMPEIUS FESTUS (2. Jhd. n. Chr.) eine Gesundheitsgöttin MEDITRINA angenommen. Moderne Religionswissenschaftler gehen allerdings davon aus, dass sie eine ätiologische Erfindung ist.

Eine **ätiologische Erfindung** dient dazu, den Grund für einen aktuellen Zustand möglichst einleuchtend zu erklären, weil die wirklichen Ursachen nicht mehr bekannt sind.

Bei über 400 Göttern und Göttinnen im römischen Reich war die Annahme, es habe eine solche Göttin gegeben, durchaus plausibel.

Bei diesem Fest wurde zunächst ein Trankopfer gespendet und damit der neue Wein gesegnet. Anschließend trank man die genannte Mischung unter Ausbringung des folgenden „Zauberspruchs":

> NOVUM VETUS VINUM BIBO,
> NOVO VETERI MORBO MEDEOR
> (Ich trinke neuen und alten Wein,
> um von neuer und alter Krankheit geheilt zu werden)
>
> VARRO, DE LINGUA LATINA 6,21

Der Mischung wurde also eine besondere Heilkraft zugeschrieben.

Neben diesen kalendarisch fixierten Jupiter-Ritualen gab es weitere je nach Gelegenheit. Die wichtigsten standen im Zusammenhang mit seiner Funktion als Garant für Verträge und Abmachungen.

- Terminlich nicht fixiert, aber jedenfalls kurz nach dem Amtsantritt, hatten die neuen Konsuln dem IUPPITER LATIARIS auf dem MONS ALBANUS ein Opfer nach uraltem Ritus zu bringen.

Den Status eines männlichen römischen Patriziers konnte man an seiner Toga ablesen: Unmündige trugen die (mit Purpurstreifen abgesetzte) TOGA PRAETEXTA, Erwachsene eine reinweiße TOGA..

- Wenn ein Knabe volljährig wurde und damit die jugendliche TOGA PRAETEXTA ablegte, opferte er Jupiter.

- Jedes Gebet begann mit einer Anrufung von Jupiter. Ein Beispiel ist bei Cato zu finden (AGR. 134,2):

> IUPPITER, TE HOC FERTO OBMOVENDO BONAS PRECES PRECOR, UTI SIES VOLENS PROPITIUS MIHI LIBERISQUE MEIS DOMO FAMILIAEQUE MACTUS HOC FERTO.

> Übersetzt:
> Jupiter, dir diese Gabe darbringend bitte ich dich gütlich: Sei wohlwollend und gnädig mir und meinen Kindern, dem Haus und der Sippe, bekräftigt durch diese Gabe.

Galt ein Gebet mehreren Gottheiten, dann war der Abschluss eine Anrufung von Vesta.

- Staatliche und zivile Verträge wurden vor dem Tempel des IUPPITER FERETRIUS abgeschlossen, Aufbewahrungsplatz des Silex (s. Seite 70). Dabei wurde PER IOVEM LAPIDEM (bei Jupiter dem Stein) geschworen, den so geschlossenen Vertrag einzuhalten. Bei Bruch des Eides war man der Strafe Jupiters

Römischer Denar, ca. 222 n. Chr.
Links Kaiser Severus Alexander mit Lorbeerkranz,
rechts Jupiter mit Zepter und Blitzeschleuderer

Von 211 v. Chr. bis ins 3. Jhd. n. Chr. war der Denar die wichtigste Silbermünze im römischen Reich. Sie entsprach etwa dem Taglohn eines Arbeiters.

Wegen der Korrosionsfestigkeit von Silber sind viel mehr Denare erhalten als die eigentlich häufigeren Bronzemünzen.

ausgeliefert. Ein tierisches Opfer an den Gott unterstrich die Ernsthaftigkeit des Gelöbnisses.

Selbst heutzutage gibt es noch die Redewendung „Wenn nicht ... dann soll der Blitz mich treffen!" als Bekräftigung eines Versprechens, auch wenn niemand tatsächlich erwartet, dass ein Jupiter diese Strafe schicken könnte.

- Bei allen staatlichen Entscheidungen mussten die Auguren zuvor die Meinung Jupiters einholen. Das Augurenwesen war von den Etruskern übernommen worden, hatte jedoch in Rom starke Veränderungen erfahren.

  Der Wille des Gottes konnte dem Vogelflug oder aus Blitzen gelesen werden. Nach der Legende soll schon Romulus aus der Erscheinung von Adlern die Legitimation für seine Herrschaft gewonnen haben.

  Da die Auguren ihre Deutungsregeln aber äußerst geheim hielten und niemand nachvollziehen konnte, wie sie zu diesem oder jenem Ergebnis gekommen waren, wurde ihnen durchaus auch Manipulation vorgeworfen (Livius, Geschichte Roms, VI, 41). Ab der Kaiserzeit waren es daher häufig Astrologen, die die Herrschenden in Bezug auf den Ausgang ihrer Unternehmungen berieten.

Neben den Auguren gab es HARUSPICES, die mit Hilfe der Eingeweideschau den Willen verschiedener Gottheiten erkundeten; diese ebenfalls von den Etruskern übernommene Technik galt vor allem dem Zustand der Leber des jeweiligen Opfertiers und wurde bereits bei Babyloniern und Griechen praktiziert.

Die Aufstellung zeigt, dass im römischen Reich Jupiter sowohl im staatlichen als auch privaten Bereich als ständig anwesend gesehen werden muss. Seine Herrschaft drückte sich durch die allgegenwärtige Opferpraxis aus. Keine wichtige Verpflichtung wurde eingegangen, ohne sich seiner als Garant zu versichern. Beim Triumphzug wurde er als Initiator und Sieger bei der Ausweitung des Reichsgebiets gefeiert.

Der astrologische Jupiter

Der astrologische Jupiter herrscht im Zeichen Schütze, dem Zeichen vor der Wintersonnenwende. Die Sonne wandert also auf ihren tiefsten Punkt zu. Diese Zeit regt dazu an, darüber nachzudenken, was das abgelaufene Jahr gebracht hat. Solche Überlegungen können zu der bekannten Herbstdepression führen oder den Grundstein für gute Vorsätze legen, die dann zur Jahreswende gefasst werden.

In der heutigen westlichen Astrologie zählt man Jupiter zu den sogenannten Gesellschaftsplaneten, Planetensymbolen, die weniger individuelle Persönlichkeitsaspekte, sondern mehr die Einbettung des Horoskopeigners in ein soziales Gefüge beschreiben.

Das zugehörige Symbol ♃ wird von Gertrud Hürlimann erklärt als Kombination eines zunehmenden Mondes über dem Kreuz der Materie. In der Mundanastrologie symbolisiert der Mond das Volk, die jeweilige Ansammlung zusammen lebender Menschen. Das Zeichen drückt also geistige (weil sich aus der Materie erhebende) Zunahme im Kontext der Mitmenschen aus.

Diese Zunahme kann sich als soziale Strukturierung darstellen: Politische Organisation, Jurisdiktion, ethische Normen, ein soziales Gefüge, in dem man sich einordnen kann, ohne eingeengt zu sein, sind mehr als nur eine Ansammlung von Menschen. Die soziale Struktur macht aus Nebenmenschen Mitmenschen, die ihren Platz in der sozialen Ordnung haben und dadurch auch den eigenen Platz sichern. Ohne solche Strukturen, auf die jeder Einzelne vertrauen kann, ist ein menschliches Zusammenleben nicht vorstellbar.

Dies scheint in den heutigen westlichen Demokratien selbstverständlich. Selbst Demonstranten gegen staatliche Maßnahmen vertrauen darauf, dass sie ihr Demonstrationsrecht ausüben können, dass alles nach gesetzlichen Regeln abläuft und dass sie im Zweifelsfall ein Gericht anrufen können, wenn sie glauben, ihr Recht sei beschnitten worden. Die gesellschaftliche Ordnung ist also selbst dort noch gültig, wo sie in Frage gestellt wird.

Bei den Babyloniern galt Jupiter als „Königsstern", was beim Bericht über die Sterndeuter, die zu Jesu Geburts gekommen sein sollen, deutlich wird. Er ist der größte Planet unseres Sonnensystems und reflektiert so viel Licht, dass er als strahlender Stern am Nachthimmel sichtbar ist. Damit ist er anscheinend der bedeutendste Himmelskörper. In übertragenem Sinn drückt sich dies durchaus in unserer staatlichen Ordnung aus. Die Jurisdiktion, die zum Jupitersymbol gehört, ist hat die wichtigste Funktion in der Beurteilung der Legitimität, in der Praxis steht sie über Regierung und gesetzgebenden Organen. Die Verfassungsgerichte bis hin zum Europäischen Gerichtshof können Maßnahmen der Herrschenden verurteilen, und damit veranlassen, sie zu ändern oder zu erneuern. Diese Rolle der Legislative ist historisch einmalig, denn bis zur Einführung der modernen Demokratien stand der jeweilige Herrscher, König, Kaiser oder Zar über dem Gesetz.

Vor der Entdeckung und Zuordnung Neptuns herrschte Jupiter auch im Zeichen Fische. Inzwischen sind Astrologen der Meinung, dass insbesondere die Uferlosigkeit dieses astrologischen Symbols nicht zu Jupiter passt.

Den König in Monarchien wird jedoch in der modernen Astrologie von der Sonne symbolisiert, ebenso wie die jeweilige Regierung in Republiken. Damit sind sie zwar dem wichtigsten Gestirn im Sonnensystem zugeordnet, aber das Recht, dem auch sie unterworfen sind, wird in seiner Bedeutung vom Jupitersymbol beschrieben.

Jupiter steht für die gute gesellschaftliche Ordnung, die Struktur, die dem Einzelnen bestmögliche Verwirklichung seiner Anlagen garantiert.

> Einbettung in ein verlässliches gesellschaftliches System ermöglicht die Entfaltung der Persönlichkeit.

Soziale Sicherheit erlaubt Weiterentwicklung, Erkundung der eigenen Möglichkeiten und deren Entfaltung. Solche Expansion muss die vorhandenen Grenzen überschreiten.

Dies kann sich immateriell darstellen in Form der Weiterentwicklung wissenschaftlicher Erkenntnisse. Hier ist deutlich der Unterschied zum Merkursymbol zu sehen: Ging es bei Merkur um grundlegende Techniken und Fähigkeiten wie Lesen, Schreiben und Kommunizieren, so symbolisiert Jupiter höhere Bildung, religiöse Anbindung an eine höhere Macht, Philosophie und ganz allgemein die Weiterentwicklung der Menschheit durch Erkenntnis.

Aber auch die physische Überschreitung von Grenzen gehört zum Jupitersymbol. Zwar geht es heutzutage in Mitteleuropa nicht mehr um militärische Eroberungen, aber der Einzelne macht sich die Welt jenseits der Grenzen zu eigen durch Kontakte zum und Reisen ins Ausland.

Negative Grenzüberschreitungen stellen sich als Überheblichkeit in sozialen und Imperialismus in zwischenstaatlichen Beziehungen dar. Ungezügelte Ausbreitung wird im körperlichen Bereich als Krebserkrankung erfahren.

Aus dieser abstrakten Definition des Jupitersymbols ergeben sich die konkreten Deutungsstichworte, von denen im „Handbuch der astrologischen Zuordnungen" 2063 aufgelistet sind.

Im Mittelalter galt das Jupiterprinzip astrologisch als „das große Glück" (ergänzt von Venus, dem „kleinen Glück"). Heutzutage deutet man es im Individualhoroskop eher als Möglichkeit zur Entfaltung der Persönlichkeit und Selbstverwirklichung.

Ein Vergleich mit dem amerikanischen „The Rulership Book" zeigt, dass hier die jeweilige Organisation von Staat und Rechtswesen durchscheint. So ist ein Schöffe bei einem deutschen Gericht ein Laienrichter, der die gleichen Pflichten und Rechte wie ein Richter hat; das astrologische Symbol Jupiter ist die Signatur für diese Tätigkeit. Dementgegen vertreten die Geschworenen im amerikanischen Rechtswesen die Stimme des Volkes, sind also dem astrologischen Symbol Mond zuzuordnen.

Zusammenfassung

Im Vergleich wird deutlich, dass das astrologische Jupiter-Symbol mit den Bedeutungen des römischen Gottes Jupiter in vielen Aspekten übereinstimmt. Nicht etwa die mythologischen Erzählungen über den griechischen Zeus, sondern die NOMINA ACTIONIS des obersten römischen Gottes spiegeln beider Inhalt wieder.

Ausbreitung und Erweiterung in Rechtmäßigkeit und Ordnung sind der Grundtenor sowohl des römischen Jupiters, der unter diesem Signum die Ausbreitung und Erweiterung des römischen Herrschaftsgebietes beförderte, als auch des astrologischen Symbols, das im Horoskop die Möglichkeit zur Weiterentwicklung auf der Basis einer gesellschaftlichen Ordnung anzeigt.

Das astrologische Jupitersymbol ist aber auch eine gute Illustration der Gefahren, die durch ungezügelte Ausbreitung und hemmungslose Erweiterung jeglicher Art entstehen.

Heutzutage wird von Politikern und Repräsentanten gesellschaftlicher Institutionen ein untadeliges Verhalten verlangt, ihr Lebenswandel wird teilweise bis in die Jugend zurückverfolgt und damalige Verfehlungen schonungslos an die Öffentlichkeit gebracht. Man könnte auf den Gedanken kommen, dass sie auf diese Weise zu ideelen Nachfolgern des FLAMEN DIALIS hochstilisiert werden …

Einige Zuordnungen zum Planetensymbol Jupiter
als Facettenmodell

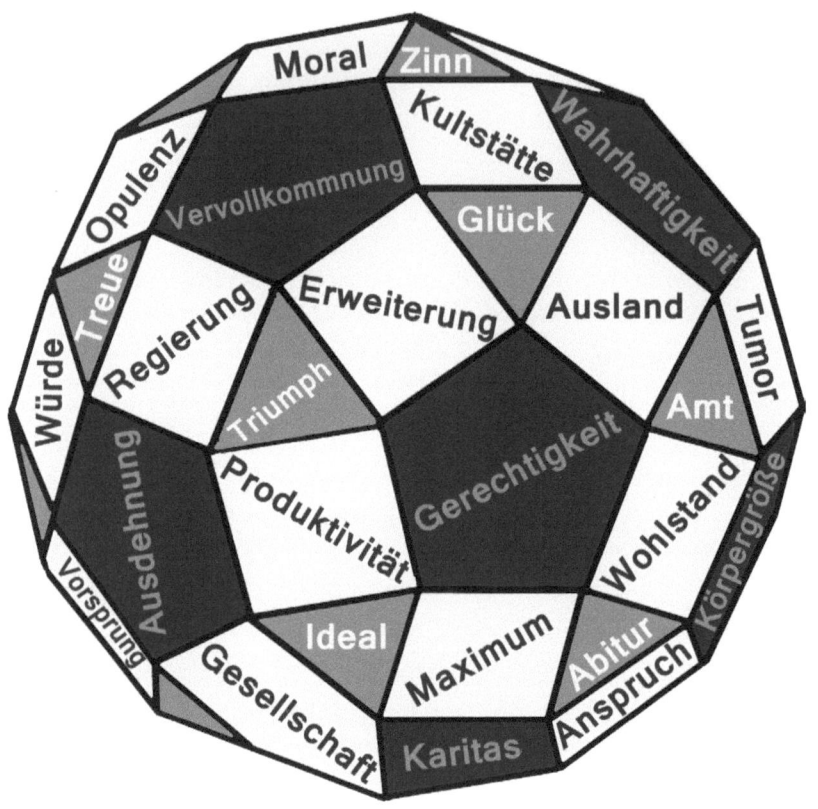

Dieser Abschnitt fußt schwerpunktmäßig auf folgender Literatur, mit deren Hilfe man sich weitergehend informieren kann:

Alföldi, Andreas, Das frühe Rom und die Latiner, Darmstadt 1977.

Hürlimann, Gertrud I., Astrologie, Zürich 1987.

Kerenyi, Karl, Die Religion der Griechen und Römer, München 1963.

Müller, Volker, Römische Religionsgeschichte, Universität München, Fachdidaktik klassische Philosophie, WS 2010-11.pdf

Saturn

Vorgeschichte

Saturn mit seinen charakteristischen Ringen wird oft fotografiert

Der äußerste mit bloßem Auge sichtbare Planet unseres Sonnensystems hieß sumerisch **udu.idim-sag-uš**, babylonisch **genna**, akkadisch **kajjâmànu** „regelmäßig". Bis ins 14. vorchristliche Jahrhundert galt er als Stern des Unterweltgottes Nergal, Stadtgott von Kutha oder Kuthu. Später wurde er dann dem Kriegs- und Jagdgott Ninurta mit dem Haupttempel in Nippur zugeordnet, ein Tausch mit Mars, dessen Hintergründe unbekannt sind.

In einigen Keilschriftdokumenten wird er jedoch auch als „Stern der Sonne" bezeichnet, denn nach babylonischer Lehre vertrat er das Zentralgestirn, wenn es untergegangen war. In seiner langsamen Bewegung war er nach ihrer Auffassung ein Abbild der Sonne, wenn sie müde geworden war. Nach v. Stuckrad repräsentierte Saturn für die mesopotamischen Priester-Astrologen Gerechtigkeit, Beständigkeit und Ordnung.

Die Verbindung zwischen Saturn und Sonne entspricht auch der ägyptischen Auffassung, die mit Saturn hor-ka-pet, Horus als Himmelsstier, verbanden.

In Griechenland wurde Saturn zum Stern des Titanen Kronos, Herrscher des goldenen Zeitalters. Dies ist eine mythologisch durchaus widersprüchliche Figur. Einerseits kam Kronos dadurch zur Macht, dass er seinen Vater Uranos kastrierte und an den Himmel verbannte – wenn auch auf Wunsch seiner Mutter Gaia. Da ihm vorhergesagt worden

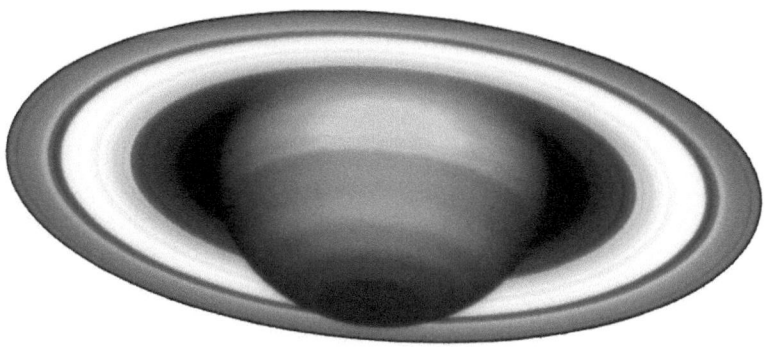

Hor-ka-pet
Horus als Himmelsstier
1. Neues Reich

2. griech.-römische Zeit

Es gibt zwar Hinweise, dass auch Uranus bereits bei den Babyloniern bekannt war, dieses Wissen war jedoch spätestens um die Zeitenwende verlorengegangen.
Bis ins 18. Jahrhundert galten 6 Planeten (die Erde eingeschlossen).

war, dass er ebenfalls von einem seiner Kinder abgesetzt werden würde, fraß er diese direkt nach ihrer Geburt. Andererseits war er der friedvolle Herrscher des Goldenen Zeitalters, der noch heute auf der Insel der Seligen wohnt.

Kronos' Attribut ist ein Sichelschwert, das er von seiner Mutter Gaia erhielt, um seinen Vater Uranos zu entmannen. Deshalb wurde zum göttlichen Pendant im römischen Pantheon Saturn gewählt, der auch ein Sichelschwert (Harpe) trägt.

Links Kronos, rechts Saturnus jeweils mit Kopfbedeckung und Harpe

SATURNUS als römischer Gott

*In der römischen Tempelkultur gab es die **ARA**, Altar oder Votivstein, auf dem Opfergaben niedergelegt wurden. Es handelte sich häufig um eine Kultstätte unter freiem Himmel, die oft nur aus diesem Altar bestand.*

*Gebäude, in denen Götter wohnten hießen **AEDES**, waren zumindestens teilweise überdacht und enthielten oft ein Standbild der Gottheit und einen Altar.*

***TEMPLUM** war ein von Auguren zur Weissagung ausgewiesener Platz.*

SATURNUS ist einer der ältesten römischen Götter. Nach mehreren anderslautenden Theorien geht man heute davon aus, dass er sabinischen Ursprungs ist.

Herkunft und Bedeutung seines Namens ist umstritten; sie war bereits in republikanischer Zeit nicht mehr bekannt. MARCUS TERENTIUS VARRO (1. Jhd. v. Chr.) nennt im 5. Band seines Werkes „DE LINGUA LATINA" einen Zusammenhang mit der Aussaat: AB SATU EST DICTUS SATURNUS (nach der Aussaat wird er Saturn genannt). Varro gibt als sein ursprüngliches Herrschaftsgebiet Latium an.

Aber schon in der Frühzeit Roms gab es eine Kultstätte Saturns (ARA SATURNI) direkt neben dem UMBILICIUS URBIS, dem symbolischen Mittelpunkt der Stadt, von dem aus die Meilen aller Heerstraßen angegeben wurden. Bereits um das Jahr 500 v. Chr. wurde ein Tempel (AEDES SATURNI) errichtet und in den folgenden Jahrhunderten mehrfach erneuert. Die heute sichtbare Säulenreihe stammt aus dem Jahr 283 n. Chr., ebenso wie der Fries und die Inschrift darauf: „Der Senat und das Volk von Rom haben diesen Tempel nach einem Feuer wieder aufgebaut".

Erhaltene Säulenreihe des antiken Saturntempels

In diesem Tempel befand sich das AERARIUM POPULI ROMANI ('Schatz des römischen Volkes'), es wurde deshalb auch AERARIUM SATURNI genannt. Darüber hinaus wurden in getrennten Bereichen des Saturntempels aufbewahrt:
- Der heilige Schatz (AERARIUM SANCTUM), die Notreserve;
- die Standarten der Legionen;
- die jeweils gültigen Gesetze auf Bronzetafeln;
- Abschriften der Dekrete des Senats in Büchern zum Nachschlagen (Originaldumente im Ceres-Tempel unter Aufsicht der Aedilen).

Außerdem befand sich im Saturntempel die staatliche Münze.

Trotz dieser überragenden Bedeutung für das Staatswesen gehörte SATURNUS nicht zu den DEI CONSENTI, den zwölf Staatsgöttern. Er hatte keinen Flamen und kein spezielles Priesterkollegium, das für seinen Kult zuständig war. In Inschriften wird er selten genannt, wenn überhaupt, dann zusammen mit anderen Göttern.

Einzig die Saturnalien (s.u.) deuten darauf hin, dass es sich um einen wichtigen römischen Gott handelt. Es kann natürlich auch sein, dass er so selbstverständlich zum Leben der Römer gehörte, dass niemand auf die Idee kam, etwas über ihn aufzuschreiben.

Das AERARIUM wurde von zwei Quaestoren verwaltet und stand unter ständiger Aufsicht des römischen Senats. Es bestand aus Edelmetallen, Geld, Feldzeichen, Urkunden und Schuldverschreibungen. Zugleich diente es auch als Archiv für öffentliche Urkunden. Das Aerarium speiste sich aus Steuern, Einnahmen aus Verpachtung, Geldstrafen und Kriegsbeute.

Die einzige in Rom gefundene (private) Inschrift ist von einem „Ausländer" vom Volk der keltischen Remer:

SATURNO M[ARTI] / IOVI / MERCURIO / HERCULI // M(ARCUS) QUARTINIUS M(ARCI) F(ILIUS) CIVES SABINUS REMUS / MILES COH(ORTIS) VII PR(AETORIAE) ANTONINIAN(A)E V(INDICIS) P(IAE) V(OTUM) L(IBENS) S(OLVIT)	Saturn, Mars, Jupiter, Merkur, Herkules hat Marcus Sabinus, Sohn des Marcus Quartinius, remer Bürger, Ritter der VII. antonianischen Prätorianer-Kohorte für den Sieg sein frommes Gelübde gern eingelöst.

(Vatikanmuseum)

Nachdem Saturn im Rahmen der Gräzisierung dem griechischen Titan Kronos, dem Herrscher des Goldenen Zeitalters, gleichgestellt worden war, gaben sich römische Kaiser den Beinamen „SATURNUS AUGUSTUS", um sich damit als Friedensherrscher auszuzeichnen.

Mythologische Reste

Nach Flavius Josephus wurde der Sabbat der Juden im römischen Reich bis 135 n. Chr. offiziell respektiert; daraus glaubt man ablesen zu können, dass Caesar mit der Benennung des Samstags als DIES SATURNI Jahwe mit Saturn gleichsetzte.

Die ursprüngliche Bedeutung von Saturn war bereits in republikanischer Zeit vergessen. Übrig waren nur die Saturnalien, das Volksfest im letzten Monat des Jahres. Bekannt war, dass er „schon immer" am Kapitol residiert habe und dass sein Name im Salier-Gesang vorkomme. Letzteres ist nicht nachprüfbar, da von diesem Text nur einige Fragmente erhalten blieben, in denen sich kein erkennbarer Hinweis auf SATURNUS befindet. Hier die wenigen sonstigen mythologisch interessanten Fakten:

1. Es sind keine COGNOMEN ACTIONIS (Beinamen des Handelns) überliefert, aus denen hervorgehen könnte, für welche Handlungen Saturnus zuständig war.

2. Der ursprüngliche Platz der Verehrung lag direkt neben dem UMBILICIUS URBIS, Nabel und Mittelpunkt der Stadt Rom und gleichzeitig (vermuteter) Eingang zur Unterwelt.

3. Als Teil des Begräbnisrituals wurden auf oder vor den Gräbern Kämpfe von Sklaven oder Kriegsgefangenen auf Leben und Tod veranstaltet; die Kämpfer waren Saturn geweiht. In späterer Zeit wurden daraus die Gladiatorenkämpfe zur Volksbelustigung (s.u.).

4. Zusammen mit Saturn wurde der LUA gehuldigt; ihr wurden die Waffen besiegter Feinde geopfert. Ihr Name wird u. a. von Dumézil mit „Zerstörung, Auflösung, Verderben" in Verbindung

gebracht. Da weder eine Kultstätte noch Festtage dieser Göttin bekannt sind, drängt sich die Vermutung auf, es könnte sich wie bei Mars' Nerio (s. Seite 58) um eine personifizierte Eigenschaft Saturns selbst handeln.

Nachdem Saturn vollständig mit dem griechischen Kronos gleichgesetzt worden war, galt als seine Partnerin die Fruchtbarkeitsgöttin Ops, Äquivalent zu Rhea.

5. Im Tempel stand ein Kultbild (aus Holz, das mit Öl gefüllt wurde), dem die Füße mit Wolle gefesselt waren; die Fesseln wurden für die Zeit der Saturnalien gelöst.

6. Das Kultbild soll eine sogenannte Harpe, ein Schwert mit gebogenem Vorderteil, in der Hand gehalten haben. Dies ist eine Waffe, die auch als Insignie des Pharao auf ägyptischen Reliefs auftaucht. Möglicherweise ist dieses Herrschersymbol von den Etruskern zu Saturn gekommen, von denen bekannt ist, dass sie Kontakte zu Ägypten hatten.

Auch die Waffe des griechischen Titanen Kronos war kein drepanon (δρεπανο), gebogenes Erntewerkzeug, sondern eine harpe (griechisch ἅρπη), ein Sichelschwert.

Anscheinend war die Harpe in der Renaissance unbekannt, so dass sie mit dem Erntewerkzeug Sichel verwechselt wurde.

7. Vor dem „neuen" Tempel von 500 v. Chr. errichtete Augustus eine Säule, von der aus alle Entfernungsangaben im römischen Reich berechnet wurden; sie galt fortan als „Nabel" des römischen Herrschaftsbereichs.

Offensichtlich war in geschichtlicher Zeit nicht mehr bekannt, um welches NUMEN es sich bei Saturn eigentlich handelt. Die ihm zugeschriebenen Funktionen können neu hinzugedichtet sein oder etwas mit seiner ursprünglichen Göttlichkeit zu tun haben. Die sprachliche Nähe seines Namens mit dem lateinischen Wort für Saat und die Datierung seines Festes am Ende der Winteraussaat ließen römische und griechische Schriftsteller des 3. und 2. Jahrhunderts v. Chr. schlussfolgern, Saturn sei derjenige „der zum Säen anleitet", allerdings nicht als agrarisches Numen; er soll der Lehrer gewesen sein, der den Altitalern Ackerbau und Kultur brachte. Sein gekrümmtes Schwert wurde als Bauernwerkzeug gedeutet.

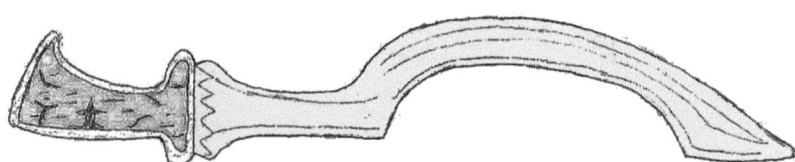

Moderne Zeichnung eines Sichelschwertes

Die Unsicherheit über die tatsächliche Herkunft der verschiedenen Inhalte, mit denen SATURNUS in Verbindung gebracht wird, veranlassten den französischen Religionswissenschaftler Georges Dumézil, auf eine Darstellung dieses Gottes in seinem Grundlagenwerk „La Religion romaine archaïque" zu verzichten.

Statue des karthagischen Gottes Ba'al Hammon im Bardo-Museum (Tunesien)

Durch Gleichsetzung mit dem griechischen Titanen Kronos, der gleichfalls ein Sichelschwert führt, wurde eine Dichtung angeregt, die Saturn als Herrscher eines Goldenen Zeitalters der Rom vorangehenden Ureinwohner Italiens beschreibt. Hier handelt es sich jedoch um Literatur.

Die INTERPRETATIO ROMANA der Entsprechung von Saturn und Kronos brachte aber auch den Inhalt „der seine Kinder frisst" in die Saturnsphäre. So konnte eine Verbindung zu Ba'al Hammon ermöglicht werden, dem in Karthago traditionell Kinder als Menschenopfer dargebracht wurden. Aus der Kaiserzeit gibt es deshalb einige nordafrikanische Saturn-Erwähnungen.

Im Jahr 1971 wurden bei Bodenbearbeitungsarbeiten in Obergummer, Gemeinde S. Valentino in Campo, ein Weihestein für Saturn gefunden. Der Ort befindet sich in der ehemaligen Provinz RAETIA, heute Südtirol. Die Herstellungszeit wird auf 71 n. Chr. – 200 n. Chr. geschätzt.

Die Inschrift lautet:

	Vervollständigt
D	D(EO)
SATVR	SATUR
NO P P	NO P(AGANI) P(AGI)
SCARE	SCARE
DRAN	DRAN
O [ ]	O(RUM)

Mögliche Übersetzung:

Dem Gott Saturn vom Bauerndorf SCARE der Draner.

(Hannelore Goos)

Ein anderer Hinweis findet sich in der „Sachsenchronik" des Konrad Bothe von 1492. Er beschreibt einen Gott **Krodo** der ostwestfälischen Sachsen, der auch **Satar** genannt worden sei. Sein Standbild soll im Rahmen der Sachsenkriege von Karl dem Großen zerstört worden sein. Für den Ursprung des Gottes und seine beiden so unterschiedlichen Namen werden verschiedene Vorschläge gemacht:

- Ein von den örtlichen Germanen übernommener Saturn-Altar als Überbleibsel eines Lagers des römischen Feldherrn Drusus um die Zeitenwende.
- Verehrung Saturns als Kronos durch griechische Söldner an diesem Altar, was zum germanischen Namen Krodo führte.
- Import einer Kronos-Verehrung durch germanische Sklaven oder Söldner aus Griechenland.
- Ein originär örtlicher germanischer Gott Krodo wurde mythologisch ausgeschmückt.

Für keine dieser Sichtweisen gibt es Belege.

Einige Hinweise auf die Einflusssphäre von Krodo existieren: Seine Attribute Rad, Fisch, Eimer und wehenden Mantel (Wind) sollen auch auf seine Verbindung zu Saturn deuten, weshalb er auch Satar genannt worden sei. Die Statue von Krodo-Satar mit diesen Attributen stammt jedenfalls aus der Renaissance und gibt keine Auskunft über den antiken Saturn.

Mit Krodo wirbt heute die Stadt Bad Harzburg. Im Jahr 2007 wurde in diesem Zusammenhang am Eingang zur Harzburg eine Krodo-Statue nach dem Vorbild der Sachsenchronik aufgestellt.

Krodo-Satar in der Sachsenchronik

Die ursprüngliche Bedeutung des römischen Gottes Saturn ist also von vielerlei Interpretationen und Umdeutungen verhüllt. Warum er die (königliche) Harpe trägt, kann nicht mehr erklärt werden. Für das übliche Etikett „Bauerngott" gibt es kaum Belege, zumal sein Fest, die Saturnalien, in den ältesten Quellen nur als Stadtfest Roms beschrieben wird; im Gegensatz zu Mars ist nichts von bäuerlichem Brauchtum überliefert.

Die Nähe zum UMBILICIUS, seine Aufgabe als Schatzhüter und die Beziehung zu Begräbnisritualen können als Indizien dafür angesehen werden, dass es sich bei SATURNUS um eine chtonische Gottheit, vergleichbar mit dem späteren Pluto, gehandelt hat. Letztlich bleibt dies aber im Bereich der Spekulation.

Ritus

Obwohl die ursprüngliche Bedeutung nicht mehr bekannt war, wurden die Saturn-Rituale doch bis weit in die Kaiserzeit peinlich genau durchgeführt, obwohl bereits zu dieser Zeit nur noch Spekulationen darüber existierten, wozu sie gedient haben mochten.

Am 16.-17. März und 14.-15. Mai wurden die Argeer-Rituale begangen. Die Märzfeierlichkeiten bestanden aus Sühneopfern an 27 Schreinen (SACRA ARGEORUM), die sich innerhalb der servianischen Stadtgrenzen befanden. Es wird vermutet, dass dabei je eine menschengroße Strohpuppe (SIMULACRUM) für die Mai-Zeremonie Saturn geweiht und an jedem Altar aufgestellt wurde. Sie sollten die Stadt von schädlichen Dünsten reinigen und hießen ARGEI, ebenso wie das gesamte Ritual.

Der PONS SUBLICIUS ist die älteste Brücke Roms. Sie soll ursprünglich als Holzkonstruktion an der Stelle gebaut worden sein, wo sich in vorrömischer Zeit eine Tiberfurt befunden hat.

Ihr Name kommt von SUBLICAE = „Holzpfähle".

Im Mai fanden dann die Hauptfeierlichkeiten statt. Unter Führung des PONTIFEX MAXIMUS und des REX SACRORUM zog ein festlicher Zug von Hohepriestern, Vestalinnen und Praetoren von Station zu Station und nahmen die Strohpuppen in einer kleinen Zeremonie ein. Sodann bewegte sich die Prozession zum Tiber auf den PONS SUBLICIUS, wo die Gebilde erneut Saturn geweiht und von den Vestalinnen in den Fluß geworfen wurden. Die FLAMINICA DIALIS trat dabei als eine Trauernde auf, mit ungekämmtem und ungeschmücktem Haar. Es wird vermutet, dass die ARGEI in Nachfolge von rituellen Menschenopfern entstanden.

Stadtplan Roms um 300 n. Chr. mit PONS SUBLICIUS

Im Dezember fanden die wichtigsten Feierlichkeiten zu Ehren Saturns statt, die Saturnalien. Obwohl sie schon in den ältesten Kultkalendern aus dem 6. Jhd. v. Chr. genannt werden, handelte es sich zunächst nicht um ein besonders hohes Fest. Bis zum Jahr 45 v. Chr. war der 17. Dezember ein Tag, der im Kalender mit EN gekennzeichnet war, also kein hoher Festtag, sondern nur Gedenktag an die Einweihung des Saturn-Tempels.

Das Morgenopfer bzw. das Fest insgesamt begann damit, dass die wollenen Fußfesseln der Götterstatue gelöst wurden.

ENDOITIO EXITIO NEFAS, abgekürzt EN bezeichnete Tage mit einer Opferhandlung morgens und abends; dazwischen wurde normalen Geschäften nachgegangen.

Nach Versnel sind gefesselte Götter(statuen) ein weit verbreitetes Phänomen in antiken Religionen. Für diesen Brauch gibt es drei Erklärungen:
» Ein Gott soll gehindert werden, sein Heiligtum und die Stadt zu verlassen;
» Ein Gott ist gefährlich und soll daran gehindert werden, den Menschen zu schaden;
» Es handelt sich um einen Gott, dessen Existenz zwischen Ruhe- (gebunden) und Aktivitätsphasen (befreit) abwechselt.

Das Lösen der Fußfesseln symbolisiert in jedem Fall den Beginn der Ausnahmezeit, in der Saturn ungebunden herrscht. Als erstes wurde ihm geopfert. Es ist nicht festzustellen, welches Tier dabei geopfert wurde und welcher Priester dieses Opfer vollzog. Bei den häuslichen Saturnfeiern sollen es Milchferkel gewesen sein, die vom Hausvater der Gottheit dargebracht wurden. Es wird vermutet, dass die öffentlichen Opfertiere entsprechend säugende Mutterschweine waren. Zeugnisse dafür gibt es aber nicht.

Man kann eine Parallele zwischen den römischen Saturnalia und den in Athen Ende Juli/Anfang August gefeierten Kronia zu Ehren von Kronos sehen.

Ab dem 3. vorchristlichen Jahrhundert wird berichtet, dass dieses Opfer unbedeckten Hauptes durchgeführt wurde. Dies wird in der Literatur als RITU GRAECO „nach griechischem Ritus" bezeichnet. Ob es sich tatsächlich um die Übername eines griechischen Ritualbrauchs handelt oder die Ausdrucksform der Umkehr alles Üblichen, ist umstritten. Da Saturn selbst nur mit bedecktem Haupt dargestellt wird (s. Bild Seite 88), kann dieser Brauch auch bedeuten, dass man sich ihm nicht als gleichgestellt nähert – unverhüllten Gottheiten begegnet man entsprechend bedeckten Hauptes. Auch die Möglichkeit, dass diese Form des Gottesdienstes aus Urzeiten stammt, muss in Betracht gezogen werden.

Auch hier handelt es sich um ein Fest mit einem gesellschaftlichen Ausnahmezustand, allerdings ist seine Funktion als Erntefest deutlich.

Erst nach der julianischen Kalenderreform erhielten die Tage 17.-23. Dezember den Status öffentlicher Feiertage (NP), an denen sogar das Gerichtswesen ausgesetzt war. Es ist mit Sicherheit anzunehmen, dass das von Titus Livius (59 v. Chr. - 17 n. Chr.) und Macrobius (385/390 - nach 430 n. Chr.) beschriebene Fest sich auf die Zeit ab 45 v. Chr. bezieht. Jetzt gab es arbeits- und schulfrei für die Dauer der Feierlichkeiten. Sie

NEFAS PIACULUM (NP) bezeichnete Kalendertage, an denen öffentliche Opfer durchgeführt wurden und die als Feiertage arbeitsfrei waren.

Würfelspieler auf einem Fresko in Pompeji

begannen wie zuvor mit dem Lösen der Wollfesseln und einem Opfer, dem sich ein opulentes öffentliches Mahl anschloss, bei dem die Gottheit in Form ihres auf einem Speisesofa platzierten Standbildes anwesend war (LECTISTERNIUM). Am Ende wurde „IO SATURNALIA" gerufen und damit war das allgemeine Feiern eröffnet. Alles Normale sollte dabei ins Gegenteil verkehrt werden: Überall ruhte die Arbeit, Schulen und Gerichte waren geschlossen, Sklaven durften opulent speisen oder wurden sogar dabei von ihren Herren bewirtet. Kritik an den Herrschenden durfte frei ausgesprochen werden. Das normalerweise verbotene öffentliche Glücksspiel, insbesondere das Würfelspiel, war erlaubt. In den Straßen wurde gefeiert, es herrschten Zustände, die man mit unserem heutigen Karneval vergleichen kann.

Auch in den Häusern gab es Opfer und Festschmaus; dabei wurden reiche Gastmäler gehalten. In der Kaiserzeit wurde ein symbolischer Festkönig (Narrenkönig) bestimmt, auch Weinkönig genannt – ein Hinweis auf die losen Sitten dieser Tage. Es wurden Geschenke ausgetauscht; dieser Brauch fand sich später im christliche Weihnachtsfest wieder.

Gladiatorenkämpfe (MUNERA GLADIATORUM) waren nur an wenigen Tagen im Jahr erlaubt, die sieben Tage der Saturnalien gehörten dazu. Es handelte sich zunächst um einfache Zweikämpfe auf Gräbern zu Ehren des jeweiligen Toten; später wurden sie immer aufwendiger und prächtiger in pompösen Arenen vom Kaiser selbst veranstaltet. Sie blieben aber Saturn unterstellt, und galten unter den Intellektuellen Roms als kultivierte Nachfolge früherer Menschenopfer.

Nachdem das Fest mehr und mehr säkularisiert worden war, wurden die Saturnalien auch in den Städten der Provinzen ausgiebig gefeiert.

Die Saturnalien endeten mit einem erneuten Opfer und dem Anlegen der wollenen Fußfesseln an die Füße der Saturn-Statue im Tempel.

Gladiatoren-Feldflasche mit einem Reliefdekor: Murmillo versetzt Thraex den Gnadenstoß.

Der astrologische Saturn

Der 6. Planet des Sonnensystems galt jahrhundertelang als äußerster, denn das Wissen um Uranus war verloren gegangen. So fungierte die Saturnbahn als Grenze zwischen dem Sonnensystem und dem restlichen Kosmos. Im Saturnsymbol ist noch viel von dieser begrenzenden Funktion Saturns zu erkennen.

Astrologisch gilt Saturn als zweiter der Gesellschaftsplaneten. In seiner Bedeutung kann er durchaus als Gegenspieler von Jupiter verstanden werden. Die Glyphe ♄ besteht aus einem Kreuz (Symbol für Materie) über zwei Halbkreisen – zunehmendem *und* abnehmendem Mond. Das Zeichen ist im Grunde die Umkehrung von ♃.

So kann man Saturn auch in der astrologischen Deutung erfahren: Während Jupiter Ausweitung anzeigt, markiert Saturn Grenzen. Die gesellschaftlich gesetzten Grenzen bilden aber gleichzeitig eine Struktur, in der man sich sicher bewegen kann. Alles, was innerhalb geschieht, wird geschätzt und honoriert. Solange der Einzelne den sozialen Regeln folgt, kann er sich des Erfolges und der Anerkennung sicher sein.

> Innerhalb der gesellschaftlichen Grenzen kann man sicher und mit stabilem Erfolg wirken.

Während es bei der jupiterhaften Überschreitung der Grenzen immer ein Glücksspiel bleibt, ob man zu überwältigendem Erfolg oder abgrundtiefem Misserfolg gelangt, ist die positive saturnische Entwicklung geprägt von freiwilliger Anpassung, Eingehen auf die äußeren Bedingungen, Streben nach Einordnung in die Gesellschaft und daraus resultierend dauerhaftem Aufstieg.

Man kann sich überlegen, woher die Charakterisierung als „Unglücksplanet" besonders im Mittelalter kam. Betrachtet man das Leben der Menschen in dieser Zeit, so war es in heutzutage unvorstellbarer Weise vorbestimmt und festgelegt. Bei der Geburt entschied sich bereits, zu welchem Stand man gehörte, daraus ergab sich automatisch sozialer Status und Wohlstand. Beruf und Ehepartner wurden von den Eltern bestimmt, nachgeborene Kinder bei Bauern und Handwerkern konnten mangels Einkommen gar nicht heiraten. Mit dem dafür notwendigen Vermögen konnte man gegebenenfalls Söldner, Nonne, Mönch oder Priester werden. Ortswechsel mussten vom jeweiligen Landesherrn erlaubt werden.

Ein Leben in engeren Bahnen kann man sich eigentlich nicht vorstellen. Das astrologische Symbol Saturn zeigt aber eine über das übliche Maß hinausgehende Begrenzung der Lebensumstände an. Unter den beschriebenen Bedingung konnten eigentlich nur Missernten, Hungersnöte, Krieg oder Seuchen dieses beschränkte Leben weiter eingrenzen.

Der astrologische Saturn herrscht im Zeichen Steinbock, dem ersten Winterzeichen. Die Temperaturen sind nun die niedrigsten des ganzen Jahres, die Natur scheint in Erstarrung.

Viele Pflanzen und Tiere brauchen jedoch diese Ruhephase. Insbesondere die Bäume der gemäßigten Zone haben sie fest in ihrem Lebenszyklus verankert.

Im Mittelalter galt das Saturnprinzip astrologisch als „das große Unglück" (ergänzt von Mars, dem „kleinen Unglück"). Heutzutage deutet man es im Individualhoroskop eher als Möglichkeit zur Selbstfindung und Charakterentwicklung.

Demgegenüber leben die Menschen in den modernen westlichen Gesellschaften in früher fast unvorstellbarer Freiheit. Jeder

- kann Lebenspartner selbst wählen ohne Eingriffe der Eltern,
- kann sich niederlassen, wo es ihm gefällt (bei Beachtung bestimmter Regularien sogar in einem anderen Land),
- kann reisen, wohin er will,
- kann den Beruf ergreifen, für den er sich interessiert, unabhängig von der Tätigkeit des Vaters,
- kann sich für einen eigenen Lebensstil entscheiden.

Seit dem 2. Weltkrieg steigt die Zahl der einzeln Lebenden (Singles) in den westlichen Industrieländern ständig an.

Diese Freizügigkeit kann im Einzelfall aber auch ins Negative umschlagen:

- Die freie Partnerwahl führt zu unrealistischen Anforderungen, die an einen möglichen Partner gestellt werden, so dass keine Beziehung als gelungen erlebt wird.
- Die Niederlassungsfreiheit bewirkt die Forderung unbegrenzter Mobilität von Arbeitgebern.
- Die Reisefreiheit führt zum modernen Massentourismus mit seinen zerstörerischen Auswirkungen auf fremde Kulturen.
- Die freie Berufswahl führt zu dauerhafter beruflicher Unzufriedenheit, weil jedes Ungemach zu der Vermutung veranlasst, man habe sich falsch entschieden und eigentlich hätte man es besser haben können.
- Der eigene Lebensstil kann bis zur Selbstzerstörung gehen.

Untersuchungen zeigen seit mehr als 40 Jahren, dass etwa die Hälfte der jungen Menschen nicht bei ihrem ursprünglich gewählten Beruf bleiben.

Unwillkürlich wird man an den Herrn des Goldenen Zeitalters erinnert, der ein Reich von Fülle und Frieden regiert, aber die eigenen Kinder verschlingt. Die positiven Errungenschaften des modernen Lebens können das Glück des Einzelnen genauso zerstören wie die Vorschriften und Fremdbestimmungen früherer Jahrhunderte.

In der Alchimie des Mittelalters war dem Planeten Saturn das Metall Blei zugeordnet. Dies ist nicht nur ein besonders schweres Element, sondern auch sehr giftig. Die zugehörigen Eigenschaften sollten entsprechend Schwerfälligkeit und daraus resultierende Langsamkeit sein.

Heutzutage weiß man, dass Blei eine sehr positive Eigenschaft hat: Es schirmt ab gegen radioaktive Strahlung.

Alchimistisches Meditationsbild zu Saturn aus dem Jahr 1624

„Besuch das Innere der Erde und durch Rektifikation (Reinigung durch wiederholte Destillation) wirst du den verborgenen Stein finden."

Modern heißt das: „Über sieben Brücken musst du gehn, sieben dunkle Jahre überstehn, . . ."

Das Symbol Saturn als Begrenzung ist also nicht invalide geworden, auch heutzutage kann ein Mensch sich nicht ins Uferlose frei entfalten, er braucht Stabilität, Struktur, Konzentration auf das Wesentliche. An die Stelle der äußeren Begrenzungen ist die innere Einsicht getreten, die sich im Saturnprinzip realisiert.

Wie bei Jupiter geht es dabei um die Entwicklung und Entfaltung der Persönlichkeit im Rahmen eines gesellschaftlichen Kontextes. Während jedoch der astrologische Jupiter die Überschreitung von Grenzen symbolisiert, markiert Saturn die Konservierung und Rückbesinnung auf das Mögliche. Dies kann auch als Unglück erfahren werden, als Schicksalsschlag, der das Leben dort einschränkt, wo Grenzen zu weit überschritten werden.

So können Jupiter und Saturn astrologisch durchaus als Gegenspieler betrachtet werden, die sich bedingen; für ein gesellschaftlich erfolgreiches und glückliches Leben sollten die beiden Prinzipien im Gleichgewicht sein.

Aus dieser abstrakten Definition ergeben sich die fast 2800 Stichworte zu Saturn im „Handbuch der astrologischen Zuordnungen". Dabei finden sich natürlich auch die klassischen negativen Signifikatoren. Denn auch wenn, wie oben beschrieben, vieles an Fremdbestimmung und Unterdrückung weggefallen ist, so bestehen die Einschränkungen durch Schicksalsschläge wie Krankheiten oder Naturkatastrophen weiterhin.

Deshalb herrschen in der Mundanastrologie auch weiterhin die Deutungselemente vor, die Saturn als Anzeiger von Unglück im weitesten Sinn sehen. Auch in der Stundenastrologie gilt dieses Planetensymbol als negatives Anzeichen.

> Vor der Entdeckung und Zuordnung des Uranus herrschte Saturn auch im Zeichen Wassermann. Inzwischen sind Astrologen der Meinung, dass dieses astrologische Symbols nicht zu Saturn passt. Das Wassermann-Zeichen symbolisiert eher Polarität als Stabilität.

Zusammenfassung

Da die Gestalt des römischen SATURNUS weitgehend im Dunkeln bleibt, ist nicht festzustellen, ob es einen Zusammenhang zwischen ihm und dem heutigen astrologischen Symbol Saturn gibt. Nur seine Fesseln entsprechen denjenigen Signifikatoren, die Einengung und Begrenzung bezeichnen.

Es gibt einige Parallelen zu der von v. Stuckrad genannten Bedeutung Saturns in Mesopotamien (s. Seite 87) und zu den griechischen Mythen über Kronos. Letztere lassen sich offensichtlich am besten zur Illustration des Saturnsymbols verwenden. Allerdings sollte festgehalten werden, dass die Mythen der römischen Schriftsteller eher dichterische Erfindungen sind wie z. B. SATURNUS als Herrscher eines Goldenen Zeitalters in Italien. Dies bedeutet jedoch nicht, dass diese Dichtungen keine Aspekte des Saturn-Mythos darstellen, aber sie sollten nicht als Mythologie ausgegeben werden.

Das Spannungsfeld zwischen Einordnung und Selbstverwirklichung, erarbeitetem Glück und unverschuldetem Unglück, Weiterentwicklung und Beharrung bleibt im Saturnsymbol verschlüsselt und ist als jedermanns Lebensaufgabe in jedem Horoskop verzeichnet.

Einige Zuordnungen zum Planetensymbol Saturn
als Facettenmodell

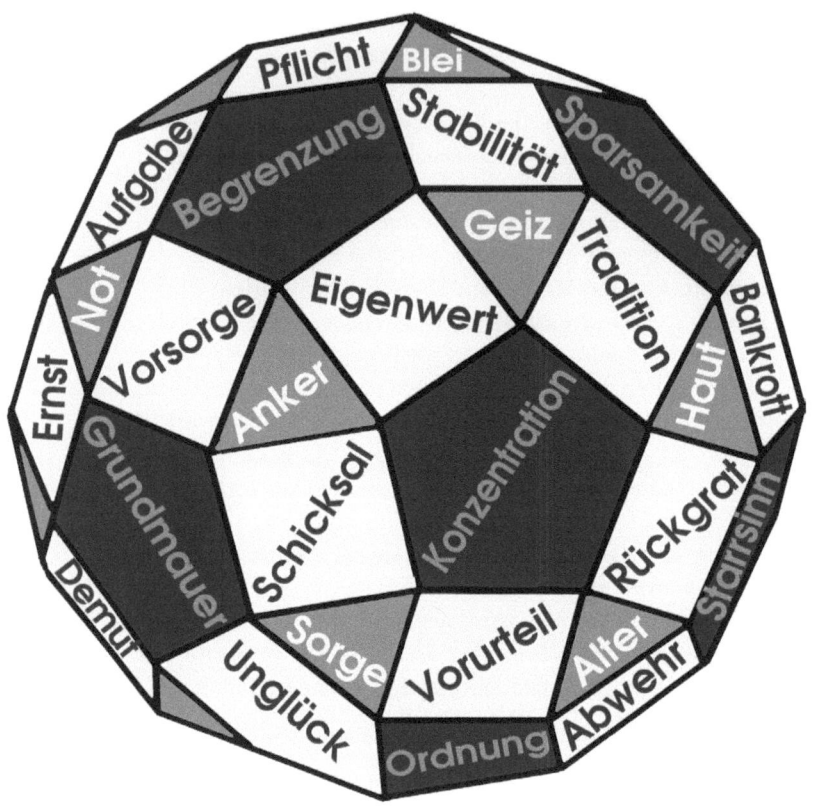

Dieser Abschnitt fußt schwerpunktmäßig auf folgender Literatur, mit deren Hilfe man sich weitergehend informieren kann:

Greene, Liz, Saturn, München 1981.

Hürlimann, Gertrud I., Astrologie, Zürich 1987.

Muth, Robert, Einführung in die griechische und römische Religion, 2. Auflage, Darmstadt 1998.

Versnel, H. S., Inconsistencies in Greek and Roman Religion II (englisch), Leiden 1994.

Abschließende Bemerkungen

Am Anfang der hier dargelegten Untersuchung stand die Frage nach dem mythologischen Hintergrund der römischen Götter. Das erstaunliche Ergebnis: Es gibt keinen! Ohne Mythologie, ohne Götterverwandtschaften und ohne Schöpfungsgeschichte entpuppt sich die römische Religion als völlig anders als alle uns sonst bekannten indogermanischen Glaubenssysteme.

Die römische PIETAS (Gläubigkeit) drückte sich aus durch die peinlich genaue Befolgung von Ritualvorschriften, sowohl im häuslichen Bereich, als auch im öffentlichen staatlichen. Die Rituale wurden teilweise bis zur Einführung des Christentum auch dann noch durchgeführt, wenn das Wissen um ihre Bedeutung über die Jahrhunderte verloren gegangen war. Nur indirekt über die in den Festkalendern aufgezeichneten Bräuche kann man also auf die Bedeutungen der römischen Götter schließen, selbst dies ist, wie sich bei Saturn zeigt, nicht mehr in jedem Fall möglich.

> Scheinbar hatte es doch ursprünglich Göttersagen in der Gegend gegeben, die später Stadtgebiet Roms wurde. VESTA und VULCANUS werden verdächtigt, mit einer urtümlichen Zeugung aus Feuer zusammenzuhängen. Diese Geschichten sollen aber von den Römern selbst unterdrückt worden sein.
> (Muth, S. 215)

Römer wie z. B. Cicero waren durchaus stolz auf die „Nüchternheit" ihrer Religion, aber tatsächlich scheint sie die religiösen Bedürfnisse der meisten Menschen nicht befriedigt zu haben. So wurden bereits in vorrepublikanischer Zeit etruskische Baumeister und Bildhauer beauftragt, für die – ursprünglich gestaltlosen – römischen Götter Tempel zu bauen und Statuen zu schaffen. Diese Handwerker orientierten sich an griechischen Vorbildern. So kam es schon früh zu einer scheinbaren Übereinstimmung von griechischen und römischen Gottheiten. Auch die Übernahme ekstatischer Kulte wie den der MAGNA MATER (Kybele) und der Isis lässt darauf schließen, dass es durchaus ein Bedürfnis nach emotionaler Verbundenheit mit göttlichen Wesen gab. Dies ließ aber den Kult der ursprünglichen römischen Götter unbeeinflusst.

Der letzte etruskische König, Tarquinius Superbus, soll die Sibyllinischen Bücher nach Rom geholt haben. Es handelt sich dabei um eine Sammlung von Orakelsprüchen, die ursprünglich griechischen Ursprungs waren. In besonderen Notzeiten und in staatlichen Krisensituationen wurden sie zu Rate gezogen. Sie gelten als Quelle griechischen Einflusses auf die römische Religion, insbesondere durch Einführung eines Apollo-Kultes und den Ritus des Lectisterniums. Auf die etablierten Rituale römischer Götter hatten sie jedoch keinen Einfluss.

Durch den zunehmenden Kulturaustausch mit den griechischen Städten südlich von Rom und nach dem 2. Makedonienfeldzug (200 - 197 v. Chr.) kamen die römischen Intellektuellen in Kontakt mit griechischer Literatur, Dramendichtung und Mythologie. Diese wurde von ihnen mit Begeisterung aufgenommen, ins Lateinische übersetzt und in die verschiedensten eigenen Werke eingebunden. Schriftsteller wie Ovid und Vergil verwendeten in ihren Dichtungen gern griechische Mythen und sponnen diese an italische Verhältnisse angepasst weiter. Allerdings muss man berücksichtigen, dass Literatur in diesem Sinn nur einer sehr kleinen Gruppe von Intellektuellen

> Unter dem Namen MAGNA GRAECIA, deutsch: Großgriechenland werden griechische Siedlungen zusammengefasst, die ab dem 8. Jhd. v. Chr. auf Sizilien und im Süden des italischen Festlands bis in die Gegend des heutigen Neapel von griechischen Siedlern angelegt wurden.

zugänglich war. Bücher mussten handschriftlich auf Pergament vervielfältigt werden und sicher gab es jeweils nur wenige Exemplare. Die Hauptverbreitung fand durch Deklamationen bei Festlichkeiten durch den Dichter selbst statt, aber diese Feste waren in der Regel geschlossene Gesellschaften bestimmter Patrizierfamilien oder Kollegien. Auf den offiziellen religiösen Kult und auf die Volksfrömmigkeit hatte dies keinen Einfluss.

Leider haben aber die Antikenforscher von der Renaissance bis zum Beginn des 20. Jahrhunderts die römische Literatur als Quelle für die Darstellung der römischen Religion angesehen. So kam es zu Darstellungen eines römischen Pantheons, der quasi ein Abbild des griechischen sein sollte, und sogar zu Vermischungen von griechischen und römischen Gottheiten, wobei den römischen analog zur griechischen Mythologie Familienbeziehungen angedichtet wurden. Diese Vorstellungen findet man noch immer in der Trivialliteratur über die Götter der Griechen und Römer, ganz besonders aber in populärwissenschaftlichen Beschreibungen im Internet. Im Bereich der ernsthaften Religionswissenschaften wurde sie ab der Wende zum 20. Jhd. kontinuierlich aufgegeben (Wissowa, Kerenyi, Latte, u.a.). Deshalb wurde in diesem Buch versucht, die neueste Literatur heranzuziehen, auch dann, wenn die wissenschaftlichen Artikel nur Teilaspekte behandeln und nicht auf Deutsch erschienen sind. Aus den Darstellungen sollten auf jeden Fall die Charakteristiken der *römischen* Gottheiten erkennbar sein.

Beim Abgleich mit den namensgleichen astrologischen Symbolen fällt zunnächst auf, wie stark der Blickwinkel auf letztere von den gesellschaftlichen Verhältnissen abhängig ist. Die Bedeutung von zentralen menschlichen Lebensumständen wie Glück – Unglück, Reichtum – Armut, Liebe – Hass, Freundschaft – Gegnerschaft, Selbstbestimmung – Unterdrückung haben sich in den letzten 400 Jahren stark gewandelt. Das Leben unter einem Grundherrn, das einstmals selbstverständlich war, würde von uns heutzutage als unerträgliche Unterdrückung empfunden. Besonders die Einführung von demokratischen Staatsorganisationen, das Fehlen von direkte Kriegshandlungen und in den letzten Jahrzehnten die Veränderung des Verständnisses von Familie haben neue Perspektiven eröffnet und frühere Ansichten als nicht mehr brauchbar für die astrologischen Deutung erkennen lassen. An dem eigentlichen Symbol hat sich dadurch natürlich nichts geändert, nur die Perspektive darauf ist neu. Der Kern der Deutung von Planetenkonstellationen ist, wie v. Stuckrad treffend schreibt, seit mehr als 3000 Jahren unverändert.

Ausgangspunkt der Überlegungen war die Frage, wie weit *römische* Göttervorstellungen mit den Inhalten der astrologischen Symbole übereinstimmen, die nach ihnen genannt sind. Dabei ging es durchaus um eine Abgrenzung zur griechischen Mythologie, obwohl diese in vielen astrologischen Abhandlungen als konstituierend für das jeweilige Planetensymbol dargestellt wird.

Die am weitesten verbreiteten populärwissenschaftlichen Bücher heißen „Die Sagen des klassischen Altertums" von Gustav Schwab (1792 - 1850). In diesem 1838-1840 erschienenen dreibändigen Werk werden griechische Mythologie und römische Dichtung gefiltert durch die Moralvorstellungen des 19. Jhd. dargestellt.

Die rasante Entwicklung der Naturwissenschaften hat nicht nur im Bereich Technik und Güterproduktion zu großen Veränderungen geführt, sondern durch die Entwicklung gut funktionierender Kontrazeptiva die Revolution der Sexualmoral und des Fortpflanzungserhaltens ermöglicht.

Ausführliche Erörterungen der Untersuchungsergebnisse sind bei den einzelnen Gottheiten jeweils dargelegt. Zusammenfassend kann man jedoch feststellen:

- Das **Merkursymbol** enthält weitgehend die Signifikatoren, die der römischen Vorstellung ihres Gottes Merkur entsprechen. Er verkörpert das Handeln auch im übertragenen Sinn und die Kommunikation unter Gleichberechtigten. Dies entspricht dem Tierkreiszeichen Zwillinge zugeordneten Planetenprinzip. Der griechische Hermes ist weniger repräsentiert, da seine Aufgabe als Götterbote nicht die Kommunikation auf gleicher Ebene darstellt und seine Funktion, Verstorbene in die Unterwelt zu geleiten, gar nicht im Planetensymbol Merkur enthalten ist.

- Das **Venussymbol** kann sehr gut mit den römischen Vorstellungen von Venus erschlossen werden. Insbesondere die Tatsache, dass die römische Venus in zweierlei Gestalt, als Vermittlerin legaler Beziehungen und als Göttin der (selbstbestimmten) Sexualität auftritt, passt zu den gegenwärtigen Ansichten über das astrologische Symbol Venus, das sowohl im Tierkreiszeichen Stier als auch in der Waage herrscht. Die Inhalte der griechischen Aphrodite-Mythen sind durch das astrologische Symbol weniger repräsentiert, zumal sie oft auf Erzählungen von Selbstverliebtheit und Promiskuität reduziert werden.

- Das **Marssymbol** musste sich in Abwesenheit von Kriegen in den westlichen Industrienationen seit dem 2. Weltkrieg stark wandeln. Die Menschen dieser Länder sind seitdem von kriegerischen Ereignissen nicht direkt betroffen, auch wenn es in vielen Gegenden der Welt immer noch Kriege gibt. Hier entsprechen die römischen Vorstellungen eines Gottes, der die Grenzen nach außen schützt, gegen Gefahren voranschreitet und gerechte Kriege aktiv kämpfend unterstützt, eher der aktuellen Bedeutung. Die Zuordnung zum Tierkreiszeichen Widder deutet auch auf eine Beziehung des marsischen Prinzips zum modernen Breitensport hin, der eine aktive Verwendung von Marsenergie sein kann. Bereits in römischen Zeiten wurde über den „hirnlosen" Berserker Ares aus der griechischen Mythologie gespottet, heuzutage beschreibt dieses Bild eher eine negative oder sogar pathologische Facette des Marssymbols.

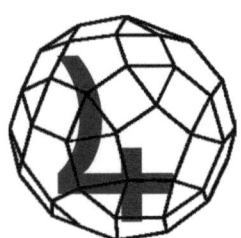

- Das **Jupitersymbol** lässt sich am besten mit den römischen Vorstellungen ihres obersten Gottes in Einklang bringen. Jupiter war der Garant der Ausbreitung des römischen Reiches, das nach den Vorstellungen der Römer Ordnung, Kultur und Gerechtigkeit zu den Barbaren brachte. So verkörpert das astrologische Jupitersymbol heutzutage vergleichbare Zuordnungen zu gesellschaftlichen Ordnungsstrukturen und der Möglichkeit des Einzelnen, sich in diesen zu entfalten. Der Ausweitung der Grenzen, wie sie im Römerreich unter der Herrschaft Jupiters stattfand, entspricht heutzutage die Niederlassungs- und Reisefreiheit in fast alle Gegenden der Welt. Vom griechischen Zeus, der in der gängigen Literatur hauptsächlich als aktiver Kämpfer gegen die Titanen und Eroberer der unterschiedlichsten Frauen dargestellt wird, ist im heutigen astrologischen Jupitersymbol nichts mehr zu finden.

- Das **Saturnsymbol** lässt sich nicht mit den Vorstellungen der Römer über ihren Gott Saturnus vergleichen, da über ihn kaum etwas bekannt ist. Die vorhandenen Indizien zeigen auf eine Erdgottheit, die sowohl mit Gebundenheit als auch der Bewachung von Schätzen zu tun hat.

  Hier sind tatsächlich die mythologischen Erzählungen über den griechischen Titanen Kronos passend. Sie illustrieren, wie ein Friedensfürst, Herrscher des Goldenen Zeitalters, gleichzeitig zum Verschlinger seiner Kinder wird, die aber am Ende doch das Ende seiner Herrschaft herbeiführen. Schon bei den Sumerern soll Saturn Ordnung und Gerechtigkeit symbolisiert haben, positive Gesellschaftsprinzipien. Im Übermaß können diese saturnischen Tugenden aber tatsächlich „ihre Kinder verschlingen", wenn Ordnung zur Diktatur oder im Privaten Sparsamkeit zu Geiz umschlagen.

Neben vielen bleibt am Ende die ungelöste grundsätzliche Frage: Warum werden beim Übergang von einem Pantheon zum anderen bestimmte Götter als Äquivalente der vorherigen Repräsentanten eines Planetensymbols ausgewählt und andere nicht? Eine rational begründbare Antwort gibt es nicht. Möglicherweise enthalten Vorstellungen von göttlichen Wesen unbewusste Anteile, die bei einer solchen Auswahl zum Tragen kommen.

So kann man die historischen Reihen der den Planetensymbolen zugeordneten Götter nur akzeptieren und, was an Wissen über diese Götter vorhanden ist, zum Verständnis der astrologischen Deutung verwenden.

Bildverzeichnis

Abkürzungen: GNU = GNU Free Documentation License
  PD = Public Domain, gemeinfrei
  CC = Creative Commons Attribution 3.0 Unported license

S. 3 Quelle: http://ancientrome.ru/art/artworken/img.htm?id=72 ©Istituto Geografico De Agostini S.p.A. — Novara
S. 9 http://commons.wikimedia.org/wiki/File:Lararium,_Pompeji.JPG, © Claus Ableiter, GNU.
S. 10 http://commons.wikimedia.org/wiki/File:Map_Forum_-_Temple_of_Concordia, Plan Rome 1916, © Joris, PD.
S. 11 http://commons.wikimedia.org/wiki/File:Forum_Portique_Dii_consentes.jpg?uselang=de, © Ursus, GNU.
S. 13 http://grosssteingraeber.de/seiten/schweden/skane/ales-stenar.php, mit Genehmigung von Reinhard Möws
S. 14 http://commons.wikimedia.org/wiki/File:Cetus_constellation_map.png, © 2003 Torsten Bronger, GNU.
S. 15 http://www.bible-history.com/ibh/Assyrian+Customs/Treaty/, Bible History online,10.12.13.
S. 15 www.aina.org, Detail of Assurbanipal's standard inscription, People Of Ancient Assyria (Jorgen Laessoe).
S. 16 St. Gallen, Stiftsbibliothek, Cod. Sang. 902, http://www.e-codices.unifr.ch/de/list/one/csg/0902..
S. 19 http://commons.wikimedia.org/wiki/File:Mithrasrelief-Neuenheim.JPG, Badisches Landesmuseum Karlsruhe, ©Thomas Ihle, GNU.
S. 19 http://commons.wikimedia.org/wiki/File:Dehio_1_Pantheon_Floor_plan.jpg, aus: Georg Dehio/Gustav von Bezold: Kirchliche Baukunst des Abendlandes. Stuttgart 1887-1901, Tafel 1, PD.
S. 20 http://commons.wikimedia.org/wiki/File:3K%C3%B6nige,RavennaGe%C2%B9%C2%B375%C2%B0.jpg, © Geofreda Geoffrey, GNU.
S. 25 http://totallyfreeimages.com/56/Nebo, Seven Great Monarchies Of The Ancient Eastern World, Vol 1, PD
S. 25 http://de.wikipedia.org/wiki/Sebeg
S. 26 http://munzeo.com/coin/helios-herennius-etruscus-antoninian-rom-5242297
S. 28 Putzger, Historischer Weltatlas, Berlin 1978, S. 10 (Ausschnitt).
S. 29 http://commons.wikimedia.org/wiki/File:Mercury_%28deity%29_relief.jpg?uselang=de, © Ad Meskens, GNU.
S. 31 http://www.academic.ru/dic.nsf/meyers/90356/Merkur.
S. 34 http://commons.wikimedia.org/wiki/File:Gripswalder-Matronenstein-Mercurius-_Arvernus-01.png, PD.
S. 39 http://upload.wikimedia.org/wikipedia/commons/6/63/Puppenbruecke_01.JPG, © Traumrune / CC-BY-3.0
S. 41 http://commons.wikimedia.org/wiki/File:Ishtar_Eshnunna_Louvre_AO12456.jpg, © Marie-Lan Nguyen, CC.
S. 41 http://de.wikipedia.org/wiki/Netjer-duai.
S. 43 http://commons.wikimedia.org/wiki/File:Altar_twelve_gods_Louvre_Ma666.jpg, © Marie-Lan Nguyen, CC.
S. 44 http://upload.wikimedia.org/wikipedia/commons/d/d6/Colonne_Tempio_Venere_Colosseo_Roma_09feb08.jpg?uselang=de, © Marcok - it.wikipedia.org, CC.
S. 45 http://de.dreamstime.com/lizenzfreie-stockfotografie-pompeji-katholisch-fresko-image10894717.
S. 45 http://de.wikipedia.org/wiki/Datei:WLANL_-_Pachango_-_Allard_Pierson_-_Bronzen_Etruskische_wierrookbrander.jpg, Allard Pierson Museum, © Niels Pachango, CC.
S. 47 http://de.wikipedia.org/wiki/Datei:0_V%C3%A9nus_de_l%27Esquilin_-_Musei_Capitolini_-_Rome.JPG, © Jean-Pol GRANDMONT, CC.
S. 48 http://en.wikipedia.org/wiki/File:Fasti_Praenestini_Massimo_n2.jpg, National Museum of Rome, © Marie-Lan Nguyen / CC-BY 2.5
S. 51 http://de.wikipedia.org/w/index.php?title=Datei:R%C3%B6mische_Venus.JPG, © Hermann Junghans, GNU
S. 55 http://templeofninurta.weebly.com/ninurta.html
S. 55 http://www.britannica.com/EBchecked/media/29690/Nergal-a-Mesopotamian-god-of-the-underworld-holding-his-lion, Ashmolean Museum, Oxford, Eng.

S. 55	Putzger, Historischer Weltatlas, Berlin 1978, S. 5 unten (Ausschnitt).
S. 56	http://de.wikipedia.org/wiki/Roter_Horus
S. 58	http://brf.be/nachrichten/international/153117.
S. 59	LVR-Archäologischer Park Xanten, LVR-Römermuseum.
S. 60	http://etc.usf.edu/clipart/15800/15837/ancile_15837.htm (Ausschnitt).
S. 60	Budge, Wallis E. A., An Account of the Roman Antiquities, London, 1907, Seite 239.
S. 61	http://etc.usf.edu/clipart/15800/15837/ancile_15837.htm.
S. 62	http://commons.wikimedia.org/wiki/File:R%C3%B6misches_Horn_Slg_Ebn%C3%B6ther.jpg, Helvetiker, PD.
S. 63	http://de.wikipedia.org/wiki/Datei:Suovetaurile_Louvre.jpg, © Marie-Lan Nguyen (Januar 2005), CC.
S. 64	http://pixabay.com/de/wolf-tier-biologie-eckzahn-153807/, PD.
S. 69	http://upload.wikimedia.org/wikipedia/commons/4/4f/Marduk_and_pet.jpg, PD.
S. 69	http://de.wikipedia.org/wiki/Hor-wepesch-taui.
S. 70	http://commons.wikimedia.org/wiki/File:Mineral_S%C3%ADlex_GDFL104.jpg, © L. M. Bugallo Sánchez, GNU.
S. 71	http://en.wikipedia.org/wiki/File:Design_for_a_Stained_Glass_Window_with_Terminus,_by_Hans_Holbein_the_Younger.jpg, wikidata:Q48319, PD.
S. 72	History of Rome by Victor Duruy (Kegan Paul, Trench & Co, 1884)
S. 73	http://en.wikipedia.org/wiki/File:Monte_Cavo_e_lago_Albano.jpg, PD.
S. 78	http://de.wikipedia.org/wiki/Datei:Marduks_strid_med_Tiamat.jpg, PD.
S. 78	http://en.wikipedia.org/wiki/File:Flamen_Louvre_Ma431.jpg, © Marie-Lan Nguyen (2006), CC.
S. 79	http://en.wikipedia.org/wiki/File:Roman-calendar.png, PD.
S. 81	http://upload.wikimedia.org/wikipedia/commons/0/05/Grapes_02_pushkin.jpg, © shakko, CC.
S. 83	http://commons.wikimedia.org/wiki/File:ALEXANDER_SEVERUS_RIC_IV_5-824447_IOVIS.jpg, Quelle http://www.cngcoins.com/Coin.aspx?CoinID=131119, Urheber CNG, CC.
S. 87	http://commons.wikimedia.org/wiki/File:Saturn_-_Lord_of_the_Rings.jpg, Quelle:http://www.eso.org/gallery/v/ESOPIA/SolarSystem/phot-04a-02.tif.html, CC.
S. 87	http://de.wikipedia.org/wiki/Hor-ka-pet
S. 88	http://commons.wikimedia.org/wiki/File:Saturnus_fig274.png, Dr. Vollmers Wörterbuch der Mythologie aller Völker, third edition Stuttgart 1874, S. 406-407, PD.
S. 88	http://commons.wikimedia.org/wiki/File:0_Autel_d%C3%A9di%C3%A9_au_dieu_Malakb%C3%AAl_et_aux_dieux_de_Palmyra_-_Musei_Capitolini_%281b%29.JPG, © Jean-Pol GRANDMONT (2011), CC.
S. 89	http://upload.wikimedia.org/wikipedia/commons/9/9a/Temple_of_Saturn%2C_Rome.jpg, © Diana Ringo, CC.
S. 91	http://commons.wikimedia.org/wiki/File:Hopesh_Tyb_8_C.jpg, © MittlererWeg, CC.
S. 92	http://en.wikipedia.org/wiki/File:Baal_Hamon_Bardo.JPG, Bardo Museum in Tunisia, © Abalg, CC.
S. 92	http://www.gemeinde.karneid.bz.it/system/web/zusatzseite.aspx?detailonr=220736324.
S. 93	Bothe, Konrad, Die Cronecken der Sassen or »Sachsenchronik«, 1492, S. 32.
S. 94	http://upload.wikimedia.org/wikipedia/commons/d/d8/Plan_Rome_-_Pons_Sublicius.png, © Joris1919, CC.
S. 96	http://en.wikipedia.org/wiki/File:Pompeii_-_Osteria_della_Via_di_Mercurio_-_Dice_Players.jpg, © Manfred Rieger, CC.
S. 96	http://commons.wikimedia.org/wiki/File:GladiatorFeldflasche.jpg, Römisch-germanisches Museum, Köln, © BS Thurner Hof, CC.
S. 98	D. Stolcius v. Stolcenberg, Viridarium chymicum, Frankfurt 1624 Aus: Roob, Alexander, Alchemie & Mystik, Köln 1996, S.189

Alle hier nicht aufgeführten Abbildungen und Umschlaggestaltung: © Hannelore Goos.

Literaturverzeichnis

Als allgemeines Nachschlagewerk wurde benutzt:
Das neue Taschenlexikon, Bertelsmann Lexikon Verlag, Gütersloh 1992.

Albers, Jon, Das Marsfeld in: Jon Albers und Gerd Graßhoff und Michael Heinzelmann und Markus Wäfler, Das Marsfeld in Rom. Beiträge der Berner Tagung vom 23./24. November 2007, Bern 2008.

Aigner-Foresti, Luciana, Die Etrusker und das frühe Rom, 2. Auflage, Darmstadt 2009.

Albrecht, Michael von (Übers. u. Hrsg.), Ovid Metamorphosen, Lateinisch/Deutsch, Reclams Univ.-Bibliothek Nr. 1360.

Alföldi, Andreas, Das frühe Rom und die Latiner, Darmstadt 1977.

Bills, Rex, The Rulership Book, Tempe (Arizona, USA) 1991.

Blunck, Jürgen, Götter in Planeten und Monden, Frankfurt am Main 1987.

Bömer, Franz, Iuppiter und die römischen Weinfeste, Rhein. Museum für Philologie, Ausg. 1941, S. 30-58,Bad Orb, 1941.

Breyer, Gertraud, Etruskisches Sprachgut im Lateinischen unter Ausschluss des spezifisch onomastischen Bereiches, Leuven (Belgien) 1993.

Carter, Jesse Benedict, The Cognomina of the Goddess "Fortuna.",Transactions and Proceedings of the American Philological Ass., Coverage: 1897-1972 (Vols. 28-103), S. 60-68, Published by The Johns Hopkins University Press

Corriere della Sera, Redazione Roma online, Dall'Etruria al Medioevo: con il radiocarbonio la Lupa capitolina è più giovane di 17 secoli, Rom 22.06.12.

Damste, Dr. Onno, Romeinse Sagen en Verhalen, Utrecht (NL)/Antwerpen(BE) 1958.

Dickmann, Jens-Arne, Pompeji: Archäologie und Geschichte, München 2005.

Dietz, Otto Edzard (Hrsg.), Erich Ebeling (Autor), Bruno Meissner (Autor), Reallexikon der Assyriologie und Vorderasiatischen Archäologie, Bd. 3, Bd. 10, Berlin 1971, Berlin 2005.

Dietz, Otto Edzard, Geschichte Mesopotamiens von den Sumerern bis zu Alexander dem Großen, München 2004.

Döderlein, Ludwig, Handbuch der lateinischen Synonymik, Heidelberg 1871.

Dorcey, Peter F., The Cult of Silvanus, New York 1992.

Drosdowski, Günther, Das Herkunftswörterbuch, Duden Etymologie, Mannheim 1989.

Dumézil, Georges, Archaic Roman Religion, aus dem Französischen übersetzt von Philip Krapp, Baltimore 1996.

Eisenhut, Werner, Augures, in: Der Kleine Pauly (KlP), Band 1, Stuttgart 1964.

Fasching, Gerhard, Sternbilder und ihre Mythen, 3. erweiterte Auflage, Hamburg 2000.

Forsythe, Gary, A Critical History of Early Rome, London, 2005.

Friedlaender, Ludwig, Sittengeschichte Roms, Essen 2000.

Frobenius, Leo, Vom Kulturreich des Festlandes, Berlin 1923.

Fuhrmann, Manfred, Geschichte der römischen Literatur, Stuttgart 2005.

GardenStone, Germanischer Götterglaube, Norderstedt 2009.

GardenStone, Der Merkur-Wodan-Komplex, Norderstedt, 2012.

GardenStone, Die Rückkehr der Göttin Nehalennia, Norderstedt 2008.

GardenStone, Gods of the Germanic Peoples, From Roman Times to the Viking Age, Norderstedt 2014.

Gehlhar, Fritz, Wie der Mensch seinen Kosmos schuf, Berlin 1996.

Gerlach,Wolfgang (Hrsg.), Publius Ovidius Naso. FASTI. Festkalender Roms, München 1960.

Goos, Hannelore, Handbuch der astrologischen Zuordnungen, Bd. 1-4, Aachen 2008-2010.

Greene, Liz, Sasportas, Howard, Die inneren Planeten, München 1995.

Greene, Liz, Saturn, München 1981.

Graf, Fritz, Iuppiter in: Der Neue Pauly, Brill Online, 2013.

Hunger, Dr. Herbert, Lexikon der griechischen und römischen Mythologie, Wien 1953.

Hürlimann, Gertrud I., Astrologie, Zürich 1987.

Huschke, E., Die oskischen und sabellischen Sprachdenkmäler, in: Zeitschrift für vergleichende Sprachforschung, 6. Bd., S. 62-75, Göttingen 1857.

Jacques, François, Scheid, John, ROM und das Reich in der hohen Kaiserzeit, Hamburg 2008.

Josephus, Flavius, The Antiquities of the Jews, translated by William Whiston, Wikisource, http://en.wikisource.org/wiki/The_Antiquities_of_the_Jews (7.12.2013).

Kaster, Robert A. (Hrsg.), Macrobius: Saturnalia. 3 Bände, (Text und engl. Übersetzung), Cambridge (Mass./USA), 2011.

Kerenyi, Karl, Die Mythologie der Griechen, Bd. 1, Die Götter- und Menschheitsgeschichten, Ungekürzte Ausgabe vom November 1966, 23. Aufl., München 2003.

Kerenyi, Karl, Auf den Spuren des Mythos, München und Wien 1967.

Kerenyi, Karl, Die Religion der Griechen und Römer, München 1963.

Klausen, Rudolf Heinrich, Aeneas und die Penaten, Die italischen Volksreligionen unter dem Einfluss der griechischen, Band 2, Hamburg und Gotha 1840.

Klingner, Friedrich, Römische Geisteswelt, 5. Aufl., München 1965.

Köbler, Gerhard, Lateinisches Abkunfts- und Wirkungswörterbuch, 2. Auflage, 2009.

Kolb, Frank, Das antike Rom: Geschichte und Archäologie, München, 2007.

Laessoe, Jorgen, People Of Ancient Assyria, Translated from the Danish by F. S. Leigh-Browne, Published 1963 A.D., Assyrian International News Agency, Books Online, http://www.aina.org.

Latte, Kurt, Römische Religionsgeschichte, Handbuch der Altertumswissenschaft, Abt. 5, Teil 4, München 1976.

Lieven, Alexandra von, Grundriss des Laufes der Sterne – Das sogenannte Nutbuch, Kopenhagen 2007.

Lindsay, Jack, Origins of Astrology, London, 1972.

Lübke, Wilhelm, Grundriss der Kunstgeschichte, Band 1, Esslingen 1901.

Marchant, Jo, Die Entschlüsselung des Himmels, Berlin 2011.

Marcus Aurelius, römischer Kaiser, Übers. Gleichen-Russwurm, Alexander, Freiherr von, Selbstbetrachtungen, Projekt Gutenberg Nr. 15028, 2005.

Maternus von Cilano, D. Georg Christian, Ausführliche Abhandlung der römischen Alterthümer. Dritter Theil, herausgeben von Georg Christian Adler, Hamburg 1776.

McCall, Henrietta, Mesopotamische Mythen, Stuttgart 1993.

Mertz, Bernd A., Das große Handbuch der Astrologie, Sonderausgabe, München 1999.

Momigliano, Arnaldo, Essays in Ancient and Modern Historiography, Chicago 2012.

Müller, Volker, Römische Religionsgeschichte,http://www.fachdidaktik.klassphil.uni-muenchen.de/studium_lehre/lehrverans/winter_1011/uebung_grundwissen/roem_religionsgeschi.pdf

Muth, Robert, Einführung in die griechische und römische Religion, 2. Auflage, Darmstadt 1998.

Perowne, Stewart, Römische Mythologie, Wiesbaden 1969.

Petersmann, Hubert, Zu einem altrömischen Opferritual, Rhein. Museum für Philologie, Ausg. 1973, 238-255, Bad Orb, 1973.

Prayon, Friedhelm, Die Etrusker, München 2010.

Preller, Ludwig, Römische Mythologie, Bd. I und II, Berlin 1881.

Putzger, F. W., Historischer Weltatlas, 99. Aufl., Berlin 1978.

Radke, Gerhard, Beobachtungen zu einigen der ältesten in Rom verehrten Gottheiten, in: Rheinisches Museum für Philologie, Ausg. 1992, S. 268-282,Bad Orb, 1992.

Radke, Gerhard, Zur Entwicklung der Gottesvorstellung und der Gottesverehrung in Rom, Darmstadt 1987.

Radke, Gerhard, Die Götter Altitaliens, Münster 1979.

Ranke, Leopold von, Römische Geschichte, Hamburg 2012.

Ranke-Graves, Robert von, Griechische Mythologie, Quellen und Deutung, Neuausgabe in einem Band, Hamburg 1984.

Romankiewicz, Brigitte, Spielfeld der Götter, C.G. Jungs Archetypenlehre und die Astrologie, Tübingen 2002.

Sandner, Donald, So möge mich das Böse in Scharen verlassen, Solothurn und Düsseldorf 1994.

Schäfer, Thomas, Bildersprache Astrologie, Wettiswil (CH) 1991.

Schäfer, Thomas, Vom Sternenkult zur Astrologie, Düsseldorf 1993.

Schmidt, Jens Uwe, Die schneeweißen Arme der Venus, Zur Homer-Imitation in Vergils Aeneis, Bielefeld 1994.

Schmidt, Peter Lebrecht, Naevius, in: Der Kleine Pauly (KlP), Band 3, Stuttgart 1969.

Skeat, William W., Etymological Dictionary of the English Language, New York 2011 (first ed. 1882).

Steuding, Hermann, Mercurius, in: Wilhelm Heinrich Roscher (Hrsg.): Ausführliches Lexikon der griechischen und römischen Mythologie, Leipzig 1897.

Stiehle, Reinhardt, Wallrath, Bertram (Hrsg.), Eine literarische Astrologie, Tübingen, 2004.

Stuckrad, Kocku von, Geschichte der Astrologie, 2. überarbeitete Auflage, München 2007.

Ulf, Christoph, Das römische Lupercalienfest. Ein Modellfall für Methodenprobleme in der Altertumswissenschaft, Darmstadt 1982.

Varro, Marcus Terentius, DE LINGUA LATINA, LIBER V, http://www.thelatinlibrary.com.

Versnel, H. S., Inconsistencies in Greek and Roman Religion II, Leiden 1994.

Wagenvoort, Hendrik, The Origins of the Goddess Venus, in: Pietas, Leiden (NL) 1980.

Walter, Jörg, Entschlüsselte Aspektfiguren, Freiburg 1981.

Wifstrand-Schiebe, Marianne, Lactanz, Varro und die Tradition des Argeer-Ritus, in: Rheinisches Museum für Philologie, Heft 142, S. 189-209, Frankfurt am Main 1999.

Wissowa, Georg, Religion und Kultus der Römer, München 1902.

Wolf, Robert H. W. Mysterium Wasser: Eine Religionsgeschichte zum Wasser in Antike und Christentum, Göttingen 2004.

Wurm, Julius Friedrich, (Übersetzer), Diodor's von Sizilien historische Bibliothek, Stuttgart 1831.

Zobel, Hans-Jürgen, Göttertriaden im Alten Vorderen Orient und die alttestamentarische Gottesvorstellung in Altes Testament – Literatursammlung und Heilige Schrift S.137-154, Berlin 1993.

Internetquellen

Als allgemeines Nachschlagewerk wurde benutzt:
    http://www.wikipedia.org (Deutsch, Englisch, Niederländisch, Französisch, Italienisch)

Bei den folgenden Websiten ist das Datum aufgenommen, an dem sie besucht wurden und demzufolge erreichbar waren:

19.12.2012	http://www.neunplaneten.de/nineplanets/days.html
19.12.2012	http://cura.free.fr/decem/10kengil.html
19.12.2012	http://universal_lexikon.deacademic.com/257495/Jupiter,_Janus_und_Herkules_-_Alte_und_neue_G%C3%B6tter_der_R%C3%B6mer
16.1.2013	http://www.wibilex.de/nc/wibilex/das-bibellexikon/details/quelle/WIBI/referenz/10254/cache/cacf81099ee-07ecf086cac2ab5137b2e/
23.1.2013	http://www.stiftergym.at/thiel/noricum/badekult.php?thema=RELIGION&unterthema=12&raum=5&vitrine=10&regal=11&titel2=12&count=0&s=&kapitel=not&zahl=&a=&help1=&aa=
4.2.2013	http://www.bible-history.com/ibh/Assyrian+Customs/Treaty/
4.2.2013	http://www.aina.org/books/poaa/poaa.htm#23
10.2.2013	http://www.e-codices.unifr.ch/de/list/one/csg/0902
	http://12koerbe.de/arche/aratos.htm
	http://www.bibelwissenschaft.de/nc/wibilex/das-bibellexikon/details/quelle/WIBI/zeichen/t/referenz/32270/cache/e3dfda5f7d460d70729f0dd537e24ce5/
11.2.2013	http://www.gutenberg.org/ebooks/15028
13.2.2012	http://www.jstor.org/discover/10.2307/637186?uid=3737864&uid=2129&uid=2&uid=70&uid=4&sid=21101802490627
17.2.2013	http://amor.cms.hu-berlin.de/~ossendrm/babylon08-ossendrijver.pdf
21.2.2013	http://www.wortmagier.de/img/werk/1/2.pdf
	http://www.pm-magazin.de/a/die-macht-der-symbole
	http://www.freimaurer-loge.de/symbole.html
	http://www.bpb.de/apuz/29747/die-macht-der-symbole?p=all
	http://www.amo-international.net/downloads/newsletter/newsletter35.pdf
22.2.2013	http://home.comcast.net/~chris.s/myth.html
	http://www.chemeurope.com/en/encyclopedia/History_of_astrology.html
26.2.13	http://www.nzz.ch/aktuell/startseite/kaiseraugst-merkur-inschrift-archaeologie-aargau-1.1141812#
	http://www.imperium-romanum.info/wiki/index.php?title=Mercurius
27.2.2013	http://www.reppa.de/lex.asp?ordner=m&link=Mars.htm
3.3.2013	http://ancientlinks.blogspot.de/search?q=Venus
	http://romanpagan.blogspot.com.au/2013/01/venus-goddess-of-love-and-life.html
5.3.2013	http://www.meritneith.de/astronomie.htm
	http://www.liebewohl.de/inhalt/liebesgottheiten.htm#hathor
6.3.2013	http://www.uni-protokolle.de/Lexikon/Venus_%28Mythologie%29.html
	http://ancientlinks.blogspot.de/search?q=Venus
	http://romanpagan.blogspot.com.au/2013/01/venus-goddess-of-love-and-life.html
	http://www.oxfordreference.com/search?q=Caere

6.3.2013	http://www.schreiben10.com/referate/Geschichte/22/Ars-Amatoria--1-Buch-reon.php
9.3.2013	http://www.rhm.uni-koeln.de/137/Schmidt.pdf
11.3.2013	http://de.sci.geschichte.narkive.com/aS2fijoI/caesar-venus
	http://www.geschkult.fu-berlin.de/e/klassarch/projekte/erice/index.html
13.3.2013	http://www.etymonline.com/index.php?term=Venus
14.3.2013	http://novaroma.org/nr/Venus_Verticordia
29.03.2013	http://de.academic.ru/dic.nsf/mythologisches/4073/Mavors
	http://ancienthistory.about.com/od/mgodsandgoddesses/g/062509RomanWarGodMars.htm
2.4.2013	http://antonelloriommidisegni.blogspot.de/2009/04/la-danza-dei-salii-sacerdoti-di-marte.html
7.4.2013	http://www.heinrich-tischner.de/22-sp/7sprv/woche/gr-rom.htm
10.4.2013	http://www.hermes-astrologie.com/history1.htm
11 4.2013	http://www.paulyonline.brill.nl/entries/der-neue-pauly/iuppiter-e603790
25.9.2013	http://www.romlive.de/pantheon/
30.9.2013	http://www.duden.de/rechtschreibung/Tierkreis
9.10.2013	http://www.wortmagier.de/img/werk/1/2.pdf
21.10.2013	http://www.heinrich-tischner.de/22-sp/2wo/wort/alt/v/venia.htm
30.10.2013	http://www.britannica.com/EBchecked/topic/625655/Venus
10.11.2013	http://www.mygeo.info/skripte/skript_bevoelkerung_siedlung/siedl1.htm
	http://www.mygeo.info/skripte/skript_bevoelkerung_siedlung/siedl2.htm
12.11.2013	http://www.thelatinlibrary.com/livy/liv.1.shtml
12.11.2013	http://www.romanoimpero.com/2009/10/il-culto-di-giove.html
15.12.2013	http://www.pascua.de/planetenkinder/mu/mu-mercurius-gesamt.htm
30.12.2013	http://latin_german.deacademic.com/45519/simpulum
8.1.2014	http://penelope.uchicago.edu/Thayer/E/Roman/Texts/secondary/SMIGRA*/Aerarium.html

Die Autorin unterhält eine kleine astrologische Webseite unter http://www.sonnenastro.de
Dort sind regelmäßig Informationen über weitere Veröffentlichungen zu finden.

Hannelore Goos selbst kann unter der Adresse HGoos@Sonnenastro.de
per E-Mail angeschrieben werden. Astrologische Beratung wird allerdings nicht angeboten.

Alle Bücher von Hannelore Goos sind erschienen bei Books on Demand, Norderstedt.

**Sie sind erhältlich in allen Buchhandlungen,
signierte Exemplare kann man in ihrem Webshop bestellen unter
http://www.hg-shop.eu**

Weitere Bücher von Hannelore Goos

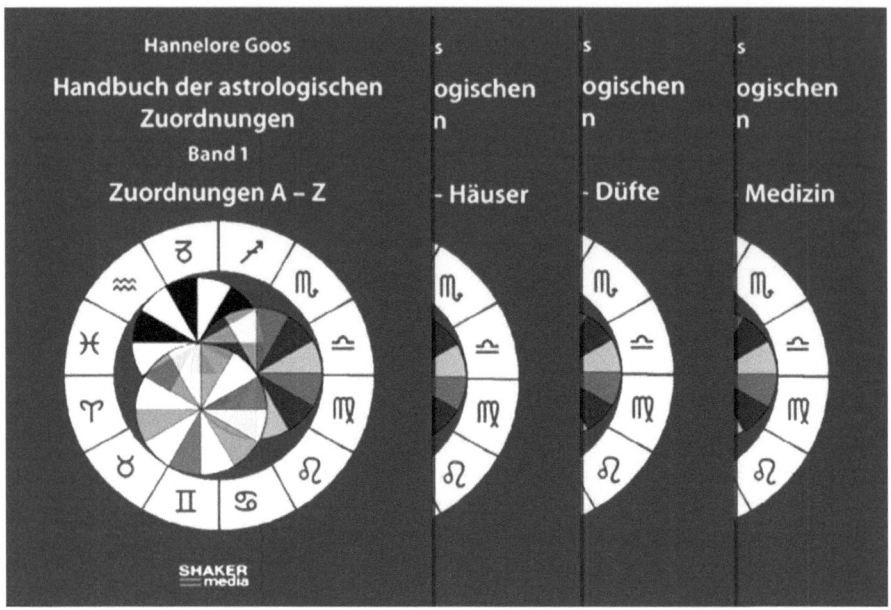

Handbuch der Astrologischen Zuordnungen
Ein Lexikon in vier Bänden

Band 1	Band 3
Zuordnungen A - Z	Pflanzen, Steine, Düfte
250 Seiten, broschiert	310 Seiten, broschiert
ISBN: 978-3-86858-451-6	ISBN: 978-3-86858-425-7
Preis: Euro 20,--	Preis: Euro 25,--
Band 2	Band 4
Planeten, Zeichen, Häuser	Berufe, Geografie, Medizin
422 Seiten, broschiert	282 Seiten, broschiert
ISBN: 978-3-86858-448-6	ISBN: 978-3-86858-344-1
Preis: Euro 30,--	Preis: Euro 25,--

Dies ist ein Wörterbuch der Astrologie. Ebenso, wie man auch als guter Sprachkenner immer wieder ein Wörterbuch zur Hand nimmt, so dient dieses Handbuch dem Nachschlagen aller möglichen symbolischen Bedeutungen. Es ist die moderne Fortführung der Jahrtausende alten astrologischen Signaturenlehre.

Chirongeschichten

Trauma und Charisma

im Horoskop

An Geschichten, die Menschen hierzu eingeschickt haben und an Lebensläufen Prominenter wird dargestellt, was die Position des 1977 neu entdeckten Himmelskörpers Chiron im individuellen Horoskop bedeutet.

Alle diese Menschen haben entsprechend ihrer Chiron-Position eine traumatische Erfahrung gemacht, die vielfach für ihren späteren Lebensweg bestimmend war.

Anhand von Horoskopzeichnungen wird das Erzählte astrologisch untermauert.

160 Seiten
ISBN 978-3-8423-6013-6
Taschenbuch 12,90 €   E-Book 9,99 €

Paulchen wird stark

Ein Kerzenritual zur Wunscherfüllung

„In den alten Zeiten, als das Wünschen noch geholfen hat…" so beginnt eins der bekanntesten Märchen der Brüder Grimm, das Märchen vom Froschkönig. Aber sind diese Zeiten wirklich vorbei?

Für Paulchen jedenfalls nicht, denn mit Hilfe alter Papiere seiner verstorbenen Oma lässt sich der Junge auf ein spannendes Abenteuer ein, damit sein Herzenswunsch in Erfüllung geht. Kerzen spielen dabei eine wichtige Rolle, nicht nur als alltägliche Leuchtmittel.

Ein praktisches Beispiel für die Anwendung astrologischer Zuordnungen nicht nur für Jugendliche!

72 Seiten
ISBN 978-3-7322-3344-1
Taschenbuch 6,90 €   E-Book 4,99 €

Gelebte Tierkreiszeichen

Anleitung zu einem erfolgreichen langen Leben

In diesem Buch wird nach Auswertung von mehr als 50 000 Lebensdaten untersucht, welchen Zusammenhang es zwischen der Sonnenposition in den Tierkreiszeichen und der Lebenslänge gibt.

188 Seiten, Taschenbuch
ISBN 978-3-8370-5141-4
€ 16,50

(2. überarbeitete Auflage von „Die Lebenszeit der Sternzeichen")

Astrologisches Vornamenbuch

In diesem Buch sind mehr als zehntausend Vornamen mit ihrer astrologischen Signatur aufgelistet. Die Symbolik der astrologischen Zeichen drückt sich aus als Chancen und Gefahren, als positive und negative Ausdrucksmöglichkeiten. Damit bietet sie einen Ansatz zu den uralten Fragen: „Wer bin ich?" - „Wer möchte ich sein?" - „Wer kann ich sein?" Auch astrologische Laien können sich mit Hilfe dieses Buches auf den Weg machen, etwas über die Möglichkeiten zu erfahren, die sich im eigenen Vornamen verbergen. Eine Stichwortliste gibt dafür erste Einstiegsmöglichkeiten.

174 Seiten, Broschur
ISBN 978-3-8423-3530-1
€ 15,00

Für nicht enthaltene Vornamen gibt es auf der Website http://www.sonnenastro.de einen Berechnungsservice.